NINGUÉM REGULA A AMÉRICA
GUERRAS HÍBRIDAS E INTERVENÇÕES ESTADUNIDENSES NA AMÉRICA LATINA

MIGUEL ENRIQUE STEDILE

NINGUÉM REGULA A AMÉRICA

GUERRAS HÍBRIDAS E INTERVENÇÕES ESTADUNIDENSES NA AMÉRICA LATINA

expressão POPULAR

Ninguém regula a América: Guerras híbridas e intervenções estadunidenses na América Latina
[cc] EXPRESSÃO POPULAR/FUNDAÇÃO ROSA LUXEMBURGO, 2020

Dados Internacionais de Catalogação na Publicação (CIP)

P411n Penido, Ana
Ninguém regula a América: guerras híbridas e intervenções estadunidenses na América Latina / Ana Penido, Miguel Enrique Stédile. -- 1.ed.-- São Paulo : Fundação Rosa Luxemburgo : Expressão Popular, 2021.
166 p.--(Coleções emergências).

ISBN 978-65-5891-010-7

1. América Latina – Guerras. 2. América Latina – Guerra híbrida. 3. América Latina – Intervenções estadunidenses. I. Stédile, Miguel Enrique. II. Título. III. Série.

CDU 980

Catalogação na Publicação: Eliane M. S. Jovanovich CRB 9/1250

"Esta publicação foi realizada pela Fundação Rosa Luxemburgo com fundos do Ministério Federal para a Cooperação Econômica e de Desenvolvimento da Alemanha (BMZ)".

"Somente alguns direitos reservados. Esta obra possui a licença Creative Commons de Atribuição + Uso não comercial + Não a obras derivadas (BY-NC-ND)".

EDITORA EXPRESSÃO POPULAR
Rua Abolição, 201 – Bela Vista
CEP 01319-010 – São Paulo – SP
Tel: (11) 3112-0941 / 3105-9500
livraria@expressaopopular.com.br
www.expressaopopular.com.br
🅕 ed.expressaopopular
📷 editoraexpressaopopular

FUNDAÇÃO ROSA LUXEMBURGO
Rua Ferreira de Araújo, 36
05428-000 São Paulo SP – Brasil
Tel. (11) 3796-9901
info.saoPaulo@rosalux.org
www.rosalux.org.br/
🅕 @RosaluxSaoPauloBuenosAires

SUMÁRIO

Introdução 11

Do destino manifesto ao
domínio de espectro total. 23

Guerras não convencionais e guerras híbridas 45

A ofensiva sobre a América Latina 79

A experiência brasileira: guerra híbrida? 109

Conclusão. 139

Notas 147

Referências. 151

Para saber mais 161

Sobre os autores. 165

COLEÇÃO EMERGÊNCIAS

Debates urgentes, fundamentais para a compreensão dos problemas brasileiros, com enfoques quase sempre invisibilizados. Essa é a proposta da Coleção Emergências, uma iniciativa da Fundação Rosa Luxemburgo e da Editora Expressão Popular. Há um volume gigantesco de dados e notícias em circulação que nos traz uma falsa ideia de acesso aos temas que pautam a vida política do país. Mas boa parte deste conteúdo é produzido e veiculado pelos donos do poder econômico, que elegem o que deve ser visto e informado de acordo com seus interesses. Por isso, é essencial ampliarmos as maneiras de enfrentar esse ponto de vista único e pautar, com profundidade, temas de relevância para o povo brasileiro.

Nossa Coleção se propõe a discutir questões cruciais para o Brasil a partir de perspectivas pouco divulgadas nos meios de comunicação comerciais. Cada obra não pretende ser a última palavra sobre o tema, mas o ponto de partida para estimular debates e novas leituras. Só entendendo nossa realidade iremos transformá-la. Daí Emergências. Emergências porque é preciso refletir sobre o mundo que vivemos. Já não temos condições de ignorar a gravidade das crises econômica, social, ambiental, política. Emergências porque já não se pode mais insistir em velhas respostas. Emergências porque não podemos mais esperar.

AGRADECIMENTOS

Ana Penido agradece a Suzeley Kalil Mathias, sua parceira na jornada acadêmica, e ao Benjamim, que renova sonhos de um mundo em que haja paz e vida boa para todos e todas.

Miguel Enrique Stédile agradece as leituras, as contribuições e a amizade de longa data de Anderson Barreto, Cássia Bechara, Itana Suzart Scher, Lauro Allan Almeida Duvoisin, Leandro Scalabrin, Mateus Mendes, Mathias Seibel Luce, Miguel Yoshida e Rodrigo Lentz. Em especial, os debates profícuos com Igor Fuser, de onde resultaram algumas das conclusões deste livro.

INTRODUÇÃO

É DIFÍCIL NÃO SER SEDUZIDO PELOS PROTESTOS QUE TOMARAM Hong Kong em 2019. Os manifestantes usavam guarda-chuvas coloridos; colocavam suas reivindicações em adesivos de papel em paredes batizadas de *Muros de Lennon*, em homenagem ao compositor dos *Beatles*; desenhavam animes; utilizavam "seja água" como *slogan*, uma frase atribuída ao conterrâneo deles mais famoso no Ocidente, Bruce Lee; e cantavam versos de *Os miseráveis*, musical da Broadway. É difícil não ser seduzido porque esses protestos foram planejados exatamente para isso: gerar empatia e ser consumido pelo Ocidente.

E, nesse caso, Hong Kong é um dos capítulos mais recentes de uma disputa que também é travada em outras latitudes. As manifestações no território chinês guardam semelhanças com aquelas que têm ocorrido em outras partes do mundo, inclusive no Brasil, e que ajudaram na derrubada de governantes ou na derrota de projetos políticos. Carregam, assim, o DNA dos protestos, seguidos pela guerra civil e pela posterior deposição do governo da Ucrânia por uma milícia de extrema-direita. Curiosamente, um dos cartazes na ocupação do aeroporto de Hong Kong dizia: "Aprendemos com a Ucrânia". De fato, em termos geopolíticos, a ilha chinesa tem a mesma capacidade de provocar instabilidades nas fronteiras que a Ucrânia tem para a Rússia. Em ambos os casos, a instabilidade beneficia um mesmo ator político: os Estados Unidos da América (EUA).

Quando o século XX estava terminando, apenas 20 anos atrás, tudo indicava que os próximos anos seriam de supremacia política, econômica, cultural e militar dos EUA. Não à toa, o historiador estadunidense Francis Fukuyama celebrou o "fim da história" (Fukuyama, 1992): a União Soviética, polo oposto na Guerra Fria, fora dissolvida; o capital financeiro, sediado em Wall Street, era o centro dinâmico do capitalismo, e sua versão política, o neoliberalismo, era largamente adotado por países periféricos, em especial na América Latina. Seguindo, em teoria, as orientações de organismos multilaterais, mas sob a direção de Washington – como o Fundo Monetário Internacional (FMI) e o Banco Mundial –, empresas estatais e restrições à exploração da natureza foram transformadas em oportunidades de lucros para empresas do centro do capitalismo. Culturalmente, todo o mundo almejava o *American way of life*. Militarmente, a hegemonia em termos de equipamentos e tecnologia estadunidense era inconteste, e o país reformulava sua estratégia militar para lidar com o que ele mesmo propunha como "novas ameaças".

Se a passagem de século anunciava hegemonia e domínio para os EUA, bastaram as duas primeiras décadas do novo milênio para que essas certezas se dissipassem. Os ataques do 11 de setembro de 2001, a "guerra ao terror" e as invasões estadunidenses ao Afeganistão e ao Iraque (mesmo sem a anuência da ONU) levaram o país a um beco sem saída político e militar. Os benefícios econômicos para o complexo cultural-bélico-industrial dos EUA custaram milhares de vidas e não resolveram a incapacidade da potência em dominar esses dois territórios. Ou, em outros termos, não basta ter a superioridade em meios quando o problema está na estratégia adotada.

Na economia ocorre outro movimento que redesenha nossos tempos. Desde a década de 1970, é o sistema financeiro que dirige e organiza o capitalismo. O neoliberalismo é a expressão política da financeirização, cuja função é eliminar os obstáculos institucionais para que esses capitais entrem e saiam quando e como quiserem de nações periféricas. Há uma série de condições que resultaram no predomínio de operações especulativas, produzindo uma agudização das contradições entre a produção real e o volume de dinheiro e papéis em circulação. O desenvolvimento tecnológico, os avanços da comunicação aproximando mercados, a digitalização: tudo isso contribuiu para que cada vez mais o capital se tornasse fictício. Os capitalistas tornam-se cada vez mais parasitários, pois ganham sem produzir absolutamente nada, apenas apostando no que poderá ser lucrativo no futuro. E essa contradição – há menos mercadorias no mundo do que esses papéis representam – gera constantemente crises e instabilidades, cujo ápice foi a crise econômica de 2008. Dada a capacidade de aceleração do sistema por esse capital especulativo e parasitário, a distância entre cada crise torna-se mais curta.

O terceiro movimento é a emergência da China como potência no cenário mundial. Desde o final da década de 1970, a China organizou sua economia para a inserção em um ambiente global. Sua imensa população constitui um gigantesco mercado interno, que gera demanda e que aumentou a própria renda nacional, sustentando, com as exportações, níveis de crescimento em torno dos 10% ao ano nas últimas décadas. Simultaneamente, a valorização do yuan atraía capitais internacionais cuja contrapartida para a permanência no país era a transferência de tecnologia. Além disso, desde a crise asiática de 1997, a China passou a utilizar seus excedentes financeiros para a aquisição de empresas no Ocidente. Ou seja, o país combinou um modelo de desenvolvimento interno, exportação, apropriação e posterior desenvolvimento tecnológico para ampliar sua capacidade de intervenção no sistema financeiro e na geopolítica internacional.

Gradualmente, o eixo de acumulação do capital deslocou-se do Ocidente para o Oriente, tendo a China ao centro. Nos últimos anos, esse país tem procurado fortalecer sua posição diante da crise financeira internacional apostando na *Nova Rota da Seda*, um projeto político, econômico e de infraestrutura de articulação e conexão da Ásia e do norte da África à Europa Central, reativando a produção nesses territórios e, ao mesmo tempo, garantindo sua influência neles.

Nessa estratégia, a China é acompanhada pelo ressurgimento político, econômico e militar da Rússia. Se, por um lado, os chineses beneficiam-se da influência russa na Ásia Central, por outro, os russos contam com a China para superar o isolamento político e econômico imposto pelo Ocidente. Os ataques comerciais estadunidenses contra chineses e russos levaram os dois países a estreitarem laços. O enfraquecimento dos Brics (acrônimo para a aliança entre Brasil, Rússia, Índia, China e África do Sul), em decorrência da vitória da direita alinhada aos EUA no Brasil, na Índia e na África do Sul, fortaleceu a aliança entre a China e a Rússia.

Diante dos abalos nos âmbitos militar, econômico e político, que denotam uma crise de hegemonia dos EUA, o país atualizou sua grande estratégia, mas bebendo nas mesmas fontes. Liddell Hart (1967) chama de grande estratégia aquela capaz de coordenar todos os recursos da nação para a conquista do objeto político da guerra – este, por sua vez, definido pela política. Paul Kennedy (1991) estendeu esse raciocínio não apenas para as políticas em tempos de guerra, mas também para as políticas em tempos de paz. Sebastião Velasco e Cruz (2012) pontua que a grande estratégia não é produto de planos abrangentes e bem elaborados. Na realidade, a ação política ocorre em condições e circunstâncias que não foram escolhidas por ninguém e lida com efeitos não antecipados de decisões anteriores.

É possível perceber essa mudança na grande estratégia em documentos declaratórios. Independentemente de quem ocupa a Casa Branca, a política internacional estadunidense continua ditada por objetivos da *Defense Planning Guidance 1994-1999*, desenhada pelo então vice-presidente Dick Chaney e pelo secretário de Defesa Colin Powell – e atualizada pela National Defence Strategy da gestão de Donald Trump, de 2017. Essa estratégia estabelece que os EUA devem permanecer como única potência mundial, impedindo a ascensão de qualquer concorrência ou "poderes hostis", e atribuindo-se o direito de intervir "preventivamente" para resolver de maneira seletiva os problemas de "segurança" que ameacem seus interesses, além de preservar o acesso do país a fontes de energia no exterior.

Também é possível perceber essas modificações analisando a conduta do país. Diante de uma crise econômica e de hegemonia, em especial após a eleição de Donald Trump, os EUA adotaram um tom ainda mais agressivo e uma nova ofensiva global ou, na definição de Vijay Prashad (2018), um *"novo imperialismo"* caracterizado pela intensa e voraz apropriação dos bens comuns da natureza, convertendo-se em uma competição exasperada pelos territórios e bens naturais. O imperialismo do século XXI caracteriza-se, ainda, por preservar os EUA e seus aliados como eixo central; impedir a emergência de qualquer sistema alternativo de alianças; garantir a confiança nos EUA e manter sua autoimagem de "o primeiro entre os pares"; proteger a cadeia global de *commodities* e seu fluxo para as corporações transnacionais; garantir o acesso a baixo custo às riquezas da natureza que estão no Sul Global; e preservar o poder financeiro do Norte Global, pela manutenção do padrão dólar nas relações comerciais internacionais.

Um terceiro caminho seria analisar as mudanças na grande estratégia estadunidense, observando o processo político que envolve sua formulação e implementação, além de acompanhar a par e passo o desenrolar interno da política dos EUA. No momento da escrita deste livro, o país está diante de uma das eleições mais importantes de sua história, em que foram desnudadas a fragilidade e as contradições de sua democracia liberal já bastante enfraquecida desde a eleição de Trump, com a baixa participação das camadas populares, os limites do bipartidarismo e o racismo estrutural.

Algo igualmente contemporâneo – ainda frágil, porém surpreendente – diz respeito à influência cultural. Em virtude da péssima condução estadunidense da pandemia da Covid-19, que resultou em milhares de mortos, os EUA se tornaram um parâmetro sobre como não atuar para um conjunto enorme de países. Uma condição para ser um *hegemôn* é, em alguma medida, mostrar-se como um modelo, um parâmetro a perseguir.

Mas não acreditamos que o Império Americano vá se dissolver, como ocorreu com a URSS. A ascensão chinesa resultou no consumo ostensivo das *commodities* latino-americanas – e, portanto, na disputa dos recursos naturais – e na ofensiva sobre as empresas do continente em áreas estratégicas como mineração, energia, gás e agricultura. Acuados em algumas esferas de disputa, como a econômica e a tecnológica, os EUA se voltaram novamente para a América Latina, que durante quase uma década, e em diversos países, ousou eleger governos progressistas, sob diversos matizes, que se distanciavam da ideia de um alinhamento automático com os EUA.

O porto-riquenho Grosfoguel (2020) está correto ao afirmar que a decadência do império estadunidense é uma boa notícia para o mundo a longo prazo, mas uma má notícia no curto prazo para a América Latina, que é reocupada pelos EUA, seja para aprofundar sua condição de "zona de influência" por meio do controle sobre mercados, comércio, energia e cultura, transformando a região em algo próximo a províncias ou protetorados; seja como fonte permanente de matérias-primas como petróleo, minerais, água e biodiversidade. Trata-se de uma ofensiva neocolonizadora e neoliberal, que não se constrange em recorrer a ideologias neofascistas para substituir governos, manter Estados desorganizados e impor severas restrições econômicas aos que a desafiam. Essa é a ideia subjacente ao provérbio africano "quando dois elefantes brigam, quem sofre é a grama".

Para desobstruir quaisquer oposições a seu projeto de recolonização da América Latina, os EUA lançam mão de sua hegemonia política e econômica, auxiliados por mecanismos formais, como os acordos comerciais, e institucionais, como os organismos multilaterais – na realidade partidários de um lado. Caso isso não seja o suficiente, o império recorre ao uso de formas mais sofisticadas e modernas de intervenção na soberania dos países, utilizando, em especial, as transformações tecnológicas nas comunicações e métodos de guerras não convencionais, chamados por alguns autores de guerras híbridas.

Entender como as agressões estadunidenses aos Estados nacionais ocorrem na América Latina, lançando mão da análise dos últimos golpes no continente, e particularmente do caso brasileiro, é o objetivo deste breve livro.

DO DESTINO MANIFESTO AO DOMÍNIO DE ESPECTRO TOTAL

A NARRATIVA HISTÓRICA DOS EUA APRESENTA A GÊNESE DO PAÍS como fruto da colonização por religiosos perseguidos e povoado por imigrantes europeus, asiáticos, além de populações africanas arrancadas de seus territórios na empresa da escravidão. Uma terra vocacionada para o reino da tolerância e da liberdade: narrativa que oculta a realidade de um país que massacrou seus povos originários e no qual, mesmo após o fim da escravidão, vigorou um *apartheid* social que segregou a população negra, derrubado apenas com os movimentos civis das décadas de 1960 e 1970. A segregação formal se converteu em informal e foi expandida para abranger, especialmente, latino-americanos migrantes e seus descendentes, mas englobando qualquer um que não se encaixe no modelo anglo-saxão, protestante e branco.

Externamente, desde seu nascimento, os EUA demonstraram um apetite voraz por ampliar seu território. Somente no século XIX, os estadunidenses compraram a Louisiana, que pertencia à França, e a Flórida, que pertencia à Espanha; anexaram vastos territórios mexicanos; e dirigiram seus interesses ao oceano Pacífico, onde anexaram o Havaí e invadiram Guam, Samoa e as Filipinas. Na América Latina, Cuba, Nicarágua e Panamá foram invadidos incontáveis vezes nos últimos 200 anos, enquanto Porto Rico foi incorporado como território, sem sequer possuir *status* de Estado. Mesmo assim, persiste um mito de que os EUA são isolacionistas. Na verdade, como aponta Kagan (2003), os EUA sempre foram internacionalistas, mas como um subproduto de seu nacionalismo. Eles legitimam suas ações no exterior em seus princípios, desde Benjamin Franklin, para quem "a causa da América é a causa de toda a humanidade".

Segundo o historiador Moniz Bandeira, os sentimentos de grandeza e superioridade dos EUA remetem à sua própria fundação. Os peregrinos que deixaram a Inglaterra a bordo do Mayflower imaginavam produzir um pacto como aquele entre Deus e os israelitas, em que a travessia do oceano Atlântico substituía a passagem pelo deserto. "As seitas evangélicas, que emigraram para a América ou lá se formaram, desenvolveram um protestantismo peculiar, fundamentalista, que se diferenciava e, ao mesmo tempo, se identificava com o judaísmo, ao atribuir ao povo americano o destino manifesto de expandir suas fronteiras e a missão de guiar a humanidade, como se fosse o povo eleito de Deus" (Bandeira, 2017, p. zz).

Essa ideia de um "destino manifesto" ganha contornos concretos em uma política unilateral e militarizada, que ignora solenemente qualquer manifestação de soberania, como a de Cuba ou a da Palestina, mesmo quando respaldadas por organizações internacionais como a ONU. Soberania é o direito que tem um povo independente de determinar sua organização política, econômica, militar e social, segundo os objetivos por ele mesmo identificados. Em última instância, está ligada à autonomia de uma nação (entendida como a união de um território, seu povo e sua cultura) de decidir sobre seu futuro sem constrangimentos externos.

Bolívar (1983, p. 131), ainda na época das guerras pela independência das colônias espanholas, apontou um imperialismo nascente ao Norte que constituía um entrave para o surgimento de uma potência na América do Sul: "Os Estados Unidos da América do Norte pareciam destinados pela providência a encher de misérias o continente em nome da liberdade."

Dando um longo salto histórico, é após a Segunda Guerra Mundial que os EUA emergiram como potência mundial, ainda que em um regime de bipolaridade, em disputa com o bloco socialista liderado pela União Soviética. Essa nova condição global permitiu que o país se colocasse em posição central no redesenho da economia mundial, por conta do fracasso do liberalismo e em virtude do enfraquecimento das potências europeias.

Segundo o economista grego Yanis Varoufakis, em seu livro *O minotauro global* (2016), os EUA criaram um "Plano Global", em que os *superavits* comerciais do país se transformavam em exportações de capital para que os países sob sua proteção – especialmente os derrotados Alemanha e Japão – comprassem os produtos estadunidenses. Essa era a funcionalidade do Plano Marshall de "reconstrução" da Europa.

Não cabe aqui detalhar o estudo de Varoufakis, mas o economista assinala que, a partir dos anos 1970, com a quebra do acordo de Bretton Woods que lastreava o dólar ao ouro, os EUA mudaram sua estratégia para garantir que o mundo permanecesse financiando seus *deficits*. Nessa nova fase, os EUA compraram a produção mundial, mas os dólares recebidos pelo mundo regressaram para o país na forma de títulos financeiros em Wall Street, que, por sua vez, foram utilizados para novas compras, e assim sucessivamente. Para esse autor, essa é a origem da aceleração do processo de financeirização e a causa das crises financeiras deste século. Cabe ressaltar que os EUA só puderam quebrar os acordos firmados em Bretton Woods e submeter sua própria salvação aos demais países do bloco capitalista em virtude da dependência econômica desses países.

ZONAS DE INFLUÊNCIA

Quanto à América Latina, o vice-secretário de Estado adjunto para Assuntos Interamericanos, Thomas C. Mann, entre 1950 e 1953, estabeleceu uma doutrina duradoura. A ideia era tratar o continente como uma zona de influência, estimulando um apoio incontestе aos EUA por meio de ações encobertas, culturais ou de inteligência, no financiamento de indivíduos e organizações políticas, entre outros métodos mais sutis. Na interpretação de Washington, os tempos de Guerra Fria não permitiam a intervenção militar direta, exceto nos casos em que havia uma ameaça de instalação de regimes comunistas (Da Silva, 2020).

A atenção dada ao continente aumentou consideravelmente após a Revolução Cubana. Além de sofrer uma tentativa de invasão de Playa Girón (Baía dos Porcos) em 1961, Cuba também esteve no centro da crise dos mísseis de 1962 e de uma campanha incessante de bloqueio econômico, ação de propaganda e financiamento de dissidentes aportados, em especial, em Miami.

A sutileza nunca foi uma característica militar dos EUA; ao contrário, sua história está marcada por uma série de intervenções militares em países cuja capacidade militar nunca representaria perigo para a soberania ou a segurança estadunidense. Nunca houve constrangimento de Washington em recorrer à intervenção direta, invasão militar ou guerra convencional para alcançar seus objetivos. Na Nicarágua e em El Salvador, as oposições armadas foram treinadas e financiadas – algumas vezes contratadas – pelos estadunidenses. República Dominicana, Granada, Panamá, Costa Rica e Haiti sofreram invasões de tropas estadunidenses – em alguns casos, como o haitiano, mais de uma vez. No Cone Sul, o golpe civil-militar no Brasil, em 1964, e o no Chile, em 1973, contaram com o suporte técnico e político dos EUA, que também nutriam simpatia pelas demais ditaduras.

Aqui, são necessárias duas ressalvas. A primeira é teórica. Perigos são questões concretas, mas o conceito de ameaças tem relação com percepções; por isso, dificilmente elas são coincidentes entre os países. A segunda parte de uma avaliação empírica. Embora os EUA tenham uma única estratégia de dominação para a América Latina, ela se materializa de maneira muito mais agressiva e explícita nos países da América Central e do Caribe que nos países da América do Sul.

As políticas estadunidenses serão desenvolvidas de acordo com a classificação do mundo em três regiões, estabelecidas pelo Pentágono: o centro, formado pelos países aliados e desenvolvidos, comprometidos com o cumprimento das normativas do sistema; o "elo", uma zona de amortecimento dos conflitos, formado por países emergentes, respeitosos das regras do jogo e interessados em manter as dinâmicas dentro do estabelecido, com os quais se poderia selar acordos diplomáticos e econômicos sem a necessidade de intervenção pela força; e os países da "brecha", constituída pelas zonas de perigo sobre as quais os EUA devem ter uma política agressiva de vigilância, controle e imposição de normas de funcionamento. Quase em sua totalidade, as áreas intensivas em biodiversidade, as de jazidas de água, petróleo e gás e as de metais para usos essenciais estão compreendidas na "brecha" (Ceceña, 2009).

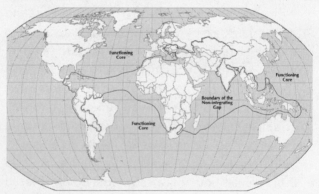

Dessa forma, as intervenções militares no século XXI têm se destinado justamente à região da "brecha", no entorno da Ásia e do norte da África: Iêmen (2000, 2002), Afeganistão (2001), Iraque (2003-2011), Somália (2007, 2011, 2013), Líbia (2011), Síria (incluindo incursões na Turquia e na Jordânia em 2012), Mali (2013), além de investidas frequentes na Geórgia, em Djibouti, no Quênia, na Etiópia, no Iêmen, na Eritreia e no Paquistão.

MUDANÇAS DOUTRINÁRIAS

De certa forma, ao levar em conta as revelações do *site* WikiLeaks quando do vazamento das comunicações diplomáticas entre Washington e suas embaixadas, a Doutrina Mann parecia vigente. Na avaliação de Main, Johnston e Beeton (2015), com a massificação dos regimes democráticos, os EUA dedicaram-se principalmente ao financiamento e à invenção de organizações políticas e redes de entidades capazes de atuar em um ambiente legal. As comunicações diplomáticas revelam a preocupação em influenciar as disputas eleitorais de maneira preventiva e em buscar evitar a vitória de governos hostis ao Império.

Examinemos essa questão um pouco melhor. O fim da Guerra Fria deixou clara a força militar estadunidense, agora sem sequer um concorrente. Essa hegemonia se expressava nos documentos do Pentágono de 1992 (Uzer, 2018), assinados por Colin Powell e Dick Cheney sobre a doutrina da primazia. Basicamente, tratava-se de impedir o surgimento de novos rivais em qualquer lugar do globo, mesmo que apenas em âmbito regional (e isso vale também para aliados como a Europa), convencendo potenciais concorrentes de que não vale a pena aspirar a competir, nem mesmo por seus interesses legítimos.

Então ocorreram os ataques do 11 de setembro, que, nas palavras de Mary Kaldor e David Held (2001), "foram um crime contra a humanidade [...] não foi só um ataque contra as 6 mil pessoas que morreram, foi um ataque contra valores que amamos: a liberdade, a democracia, o sistema de direito e, acima de tudo, a humanidade". Pouco depois, começou a matança de humanos na nova guerra, dessa vez "contra o terrorismo". Foi retomada a ideia da guerra por corações e mentes, e foram mobilizados argumentos morais para apresentar a "guerra ao terror" como uma guerra justa, entre Estados bons e maus, como o Afeganistão, que abrigava os terroristas.

Essa questão moral se colocou na agenda de segurança internacional a partir de duas dimensões. Na primeira, o tema dos direitos humanos ganha maior centralidade nos questionamentos à soberania dos países (incluídas aqui considerações sobre a conservação do meio ambiente). Nas intervenções durante a Guerra Fria, em que pairava a ameaça nuclear, essa questão era ignorada. A segunda dimensão é a da mídia, em sua relação com a opinião pública internacional e com a opinião interna nos próprios países atacantes.

Em termos doutrinários, George Bush filho (2001-2009) lançou a ideia de *guerra preventiva*, usada para justificar a invasão ao Iraque. Na concepção do Departamento de Defesa dos EUA (DoD), o país deveria, a partir de então, para agir não apenas contra inimigos declarados, mas também contra os potenciais, entre os quais quaisquer dissidências ou resistências contra o sistema capitalista ou contra os interesses estadunidenses pudessem ser suficientes para determinar um potencial alvo. Nesse contexto, devem estar preparados tanto para guerras convencionais quanto para outras formas de combate (Ceceña, 2016).

Montoya e Palacios Jr. (2013) desmontaram o argumento das guerras preventivas a partir de três abordagens. Na primeira, quanto à legitimidade, existem dois tipos de guerra: as ofensivas, que são agressões e, portanto, crimes; e as defensivas, que são justas por preservar os Estados e os cidadãos. O Estado que promove uma guerra preventiva converte-se, desse modo, em agressor, naquele que rompe a paz e, por isso, perde a legitimidade. A segunda abordagem enfatiza a legalidade. Nesse sentido, os autores apontam a fraqueza da ONU para levar a cabo punições a Estados que rompem com as regras, assim como a excrescência do poder de veto que existe no Conselho de Segurança da ONU. Ambos transformam as argumentações sobre a guerra preventiva em uma forma de legítima defesa em um "mundo de papel". Por fim, a terceira abordagem é a da utilidade, que só fica clara a partir da avaliação dos resultados da guerra ao longo do tempo. No caso da Guerra do Iraque, catastróficos. Em suma, a guerra preventiva é, na verdade, a guerra antecipada do forte contra o fraco, o velho exercício de hegemonia do império.

As invasões ao Afeganistão e ao Iraque deram início a uma guerra sem fim e sem vitória. No Afeganistão, foram mais de 2 mil soldados estadunidenses mortos e quase 20 mil feridos. No Iraque, morreram em torno de 5 mil e outros 32 mil ficaram feridos. Os governos dos Estados invadidos foram depostos, mas de maneira nenhuma a situação em ambos os países ou na região pode ser descrita como estável e favorável aos EUA, até hoje.

Dois caminhos foram tentados para a resolução das contradições geradas pelo atoleiro em que se transformaram os cenários militares. Por um lado, levou-se adiante a chamada "revolução dos assuntos militares". Segundo Leandro Gonçalves (2018), o Departamento de Defesa dos EUA e a Otan, desde meados da década de 1970, passaram a empregar esse termo visando a uma grande evolução tecnológica. A ex-URSS também tinha essa mesma visão focada na tecnologia militar. Basicamente, investimentos em armas inteligentes (munições de alta precisão guiadas); sistemas eletrônicos de comando e controle; e aviões invisíveis. Entretanto, as novas tecnologias só fazem sentido quando trazem consigo novas doutrinas, táticas e formas de organização.

Na busca pelo menor custo político, financeiro e diplomático, os EUA têm recorrido, por exemplo, ao uso de drones (veículos aéreos não tripulados e controlados a distância), especialmente para assassinatos dirigidos, principal política do governo Obama no combate ao *jihadismo*. Buscava-se a diminuição de alvos civis (os chamados danos colaterais) e a redução do risco de baixas entre nacionais. Seria uma vitória sem perdas materiais ou humanas, uma guerra "insípida". Dilemas morais foram suscitados a respeito, como o fato de que um povo que não está disposto a morrer não pode matar, mas eles permaneceram nessa dimensão, a dos dilemas (Peron, 2019).

O segundo caminho foi o resgate da doutrina da contrainsurgência que os EUA haviam abandonado depois do Vietnã. Alguns aspectos dessa doutrina foram repaginados, em alguma medida acumulando conhecimentos, especialmente das ciências humanas (antropologia e psicologia), que redundariam nas chamadas "guerras híbridas", objeto do próximo capítulo.

Por enquanto, cabe pontuar que essa modalidade de intervenção dá menos ênfase ao emprego direto da força, priorizando medidas indiretas. Assim, ela: 1) prescinde de um exército regular atuando em território hostil; 2) é financiada desde o exterior, mas executada pela oposição local, na maioria das vezes civil, no que difere um pouco das guerras por procuração.[1] Em outras palavras, os EUA financiam e capacitam uma força do país-alvo para derrubar o governo local, sem precisar sujar as mãos além da assinatura do cheque e – melhor ainda – com o custo menor de uma intervenção militar tradicional. Além disso, não interessa a nenhum dos "elefantes" geopolíticos atuais uma situação de confronto direto.[2]

DOMÍNIO DO ESPECTRO TOTAL

Antes de passar ao exame das guerras híbridas, especificamente, é preciso retomar a ideia de grande estratégia, pois é ela que compreende as orientações gerais que pautam a conduta de um Estado em sua relação com os demais Estados no mundo. As formas como essa estratégia se realiza são distintas, a depender de cada política ou região particular, sendo as guerras híbridas uma dessas condutas.

Ainda em 2003, Fernando Heredia (2007) falava sobre a imbricação entre diferentes âmbitos na ofensiva imperialista. "Para alcançar objetivos econômicos, os imperialistas realizam ações militares e políticas; para alcançar objetivos políticos, realizam ações econômicas; para engajar o mundo todo, utilizam seus meios de comunicação, com o objetivo de conseguir o apoio à sua estratégia militar, política ou econômica."

A essa imbricação, autores como Ana Esther Ceceña e Moniz Bandeira dão o nome de *"Domínio do Espectro Total"*, ou *"Domínio no Espectro Completo"*. Segundo Ceceña (2016), a pretensão estadunidense consiste em controlar nada mais e nada menos do que os céus, mares, terra e subsolo, em todos os lugares do mundo. Para concretizar essa ambição, visa dominar não territorialmente, mas culturalmente (tornando o *American way of life* um sonho para os povos do mundo), economicamente (impondo o neoliberalismo e suas reformas) e militarmente (por meio de bases físicas ou da exportação da doutrina estadunidense para os demais países). Dessa multiplicidade de dimensões vem a grande estratégia dos EUA.

A interpretação desse "novo mundo" do século XXI e da imagem que os EUA projetam de si mesmos nesse cenário está descrita de modo muito transparente no *National Security Strategy of the United States of America*, elaborado em conjunto pelos Departamentos de Estado e de Defesa, pelo Pentágono e pela CIA, com o Departamento de Comércio e a Secretaria do Tesouro do governo estadunidense. Publicado no final de 2017, o documento identifica a China e a Rússia como "potências revisionistas" que ameaçam o projeto estadunidense de garantir a prosperidade econômica e a liderança tecnológica. Coreia do Norte e Irã são classificados como "Estados predadores", que ameaçam o equilíbrio geopolítico e o modo de vida americano, mesma classificação recebida pelo "terrorismo jihadista". O documento expressa, ainda, que os EUA devem "promover a paz mundial através da força".

Para o professor José Luis Fiori (2018), o documento é histórico, pois, ao mesmo tempo que os EUA reconhecem que seus valores nacionais não são universais, nem mesmo os únicos "ocidentais", o país assume seus "interesses nacionais" como sua única bússola e, para manter essa "posição de força", admite que sua prosperidade econômica, assim como sua moeda e suas finanças, são um instrumento fundamental de sua luta pelo poder internacional. Cabe lembrar que a capacidade de domínio econômico estadunidense está hoje bastante abalada pelas crises provocadas pela financeirização, pela ascensão chinesa e pelo aumento da comercialização mundial sem a utilização do dólar.

Na interpretação de Fiori, os EUA abdicam de oferecer qualquer possibilidade de projeto de futuro aos países que o tomarem como modelo a ser seguido. Agora, ao contrário do discurso da Guerra Fria – que oferecia um mundo de democracia e prosperidade econômica para aqueles que aderissem ao bloco capitalista –, o país oferece apenas o reconhecimento de seu poder global, sustentado por seu império militar e pela competição tecnológica, dentro de um sistema no qual a conquista do poder é o principal objetivo, e a guerra passa a ser possível, em qualquer momento e em qualquer lugar, contra qualquer rival, inimigo ou aliado de anteontem.

Além do domínio econômico, outro mecanismo determinante para a construção da hegemonia estadunidense é, literalmente, uma poderosa indústria cultural. Literalmente, porque não se trata apenas do conceito de articulação mercadológica entre cultura, arte e divertimento como engrenagem do sistema capitalista. É literal, pois corporações como a Walt Disney Company são proprietárias de vastos segmentos de cultura de massa que se estendem desde a empresa de animação originária até outros estúdios de cinema

(Fox, Pixar) e emissoras de televisão (ABC). Ícones *pop* como Capitão América, Darth Vader e, obviamente, Mickey Mouse são todos propriedades dessa companhia e inundam os demais países em filmes, brinquedos, produtos de higiene e muitos outros, carregando consigo os valores do *modo de vida americano*. Trata-se justamente de universalizar uma visão de como viver e estar no mundo.

Nesse sentido, há que se admitir que os intelectuais liberais estadunidenses sempre foram bastante sinceros quanto a suas intenções. Para Joseph Nye (2004), há três maneiras de levar os outros Estados a fazer o que os EUA desejam: "uma delas é ameaçá-los com porretes; a segunda é recompensá-los com cenouras; e a terceira é atraí-los ou cooptá-los para que queiram o mesmo que você. Se você conseguir atrair os outros, de modo que queiram o que você quer, vai ter que gastar muito menos em cenouras e porretes".

Assim, a influência cultural é a ferramenta mais barata para a imposição de hegemonia. No caso do Sul Global, os produtos da indústria cultural estadunidense alcançam esse território sob a mesma lógica que as políticas do Banco Mundial, impostas como contrapartidas para a tomada de empréstimos financeiros; ou por meio da influência de ONGs, que financiam pesquisas ou bolsas de estudos com objetivos compatíveis com os seus.

Por fim, caso não seja suficiente, cabe à força o "argumento" final. A supremacia militar da superpotência está fora de discussão, e, para afirmá-la, são muitos os textos que comparam as capacidades de meios estadunidenses com as dos demais países do mundo, recitando o número de porta-aviões, submarinos, aviões supersônicos etc. Outro mecanismo para afirmar essa supremacia é a comparação de seus gastos com investimentos militares, que concentram quase a metade dos gastos mundiais há décadas. Além disso, os EUA herdaram da Guerra Fria, mantiveram e ampliaram suas bases espalhadas pelo mundo. São cerca de 800 instalações militares em todo o globo, das quais 23 na Europa, outras 23 no Japão, 15 na Coreia do Sul e as demais espalhadas em mais de 70 países, entre eles Bulgária, Colômbia, Aruba, Austrália, Bahrain, Quênia e Qatar (Bandeira, 2016). E, como lembra Moniz Bandeira na mesma obra, independentemente de qual partido ocupe a Casa Branca, Democrata ou Republicano, é o Complexo Industrial Militar que de fato governa os EUA.

Além das questões já levantadas, os EUA vêm tendo razoável sucesso em impor a doutrina militar que consideram adequada a países da América Latina: cabe às Forças Armadas latino-americanas o controle dos inimigos internos. Os principais exemplos nesse sentido são o Plano Colômbia e o Plano México, que, com o pretexto de combate ao narcotráfico, contribuíram de modo significativo para a militarização da sociedade e da política desses dois países, desarmaram suas Forças Armadas nacionais para combates com inimigos externos e ainda movimentaram economicamente a indústria bélica e de inteligência estadunidense.

O complexo industrial-militar e a estratégia militar implicam o aprimoramento de outro domínio estadunidense, o tecnológico. O Vale do Silício é uma região na qual se desenvolveram algumas das principais inovações tecnológicas das últimas décadas, representando a conjunção de esforços e recursos das empresas privadas, das universidades e das Forças Armadas. A evolução tecnológica permanente é uma necessidade estrutural do próprio capitalismo como uma das condições para a superação da concorrência e a maximização de lucros, na busca pela extração de mais-valia relativa. Quando o desenvolvimento tecnológico combina-se com os interesses militares, torna-se, então, questão de Estado.

Nos EUA, o trinômio "empresas – universidade – Forças Armadas" permite a transferência de parte dessa tecnologia para a indústria civil. Por exemplo, as pesquisas financiadas pela Defense Advanced Research Projects Agency (Darpa), do Departamento de Estado, produziram a tecnologia de transmissão de imagens e dados, gerando a precursora da Internet, a Arpanet, na década de 1980, e, atualmente, tem se dedicado a sistemas de inteligência artificial ou de exploração avançada de recursos naturais.

Em contrapartida, a tecnologia vendida a seus parceiros regionais sempre será inferior ou dependente da potência estadunidense. Exemplo nesse sentido foi a construção do Sistema de Vigilância da Amazônia (Sivam), cujo processo de licitação foi vencido pela empresa de armamentos americana Raytheon, em meio a denúncias de *lobbys* e intervenção da própria Central de Inteligência Americana no processo, resultando em um investimento de US$ 1,4 bilhões, o maior dispêndio individual na área de defesa realizada pelo Brasil na década de 1990.

Lembremos que os EUA vêm sendo derrotados militarmente nas últimas décadas, mas, ainda assim, mantêm sua hegemonia na América Latina, construindo ações de cooperação, treinamento, formações militares e outras maneiras de cooptação das Forças Armadas locais para uma posição de subordinação ao país. Com isso, tiveram sucesso ao estruturar um conjunto de crenças/ações com as quais colonizaram o pensamento estratégico do Sul, quais sejam:

- crença de que a absoluta superioridade de meios garante vitórias;
- fomento ao fetiche da tecnologia na área militar, sob a falsa alegação de que ela trará vitórias ou de que seu uso será dual;
- imposição de metas orçamentárias a serem gastas com a indústria de defesa incompatíveis com as necessidades de desenvolvimento locais, aprofundando nossa dependência (Silva, 2018);
- transformação das Forças Armadas latino-americanas em forças policiais;
- manutenção de bases militares físicas.

Como substrato para essa subordinação, existe a dependência estratégica. Os EUA convenceram o mundo de que a melhor estratégia de defesa para um país é o investimento dos recursos nacionais na quantidade e na atualidade dos armamentos. Para si mesmos, eles não levam essa indicação ao pé da letra, mas a venda dessa ideia para o restante do mundo é fundamental a sua economia. Assim, países com poucos recursos para investir seguem apostando em uma estratégia de defesa baseada no investimento intensivo de capitais, e não em uma estratégia de "povo" intensiva, como aquela adotada por países que venceram os EUA, como o Vietnã. Wendt e Barnett (1993) apontam essa questão como um dos fundamentos para a manutenção da dependência no Terceiro Mundo. Basicamente, significa afirmar que os países dependentes apostaram em uma postura militar baseada em exércitos convencionais, nos quais a capacidade militar tem base, em especial, em "capital" físico e humano (armas e sistemas avançados, e soldados altamente qualificados), em vez de em exércitos populares, não convencionais, nos quais a capacidade é baseada mais no "trabalho" (como na mobilização em massa de milícias).

GUERRAS NÃO CONVENCIONAIS E GUERRAS HÍBRIDAS

Reiteramos a fórmula basilar de Clausewitz (1979), que a guerra é a continuação da política. A relação entre as duas esferas é bastante complexa, mas, brevemente, pontuamos que os fins da guerra seguem na política. Como ela é lutada, suas táticas e seus meios podem variar e variaram muito ao longo da história. Mas é na geopolítica que estão as explicações para a finalidade, os interesses da guerra. O segundo fator determina o primeiro, portanto, mais uma vez retomando Clausewitz, o objetivo da guerra continua não sendo a própria guerra.

Na América Latina recente, não ocorreram intervenções militares diretas das forças oficiais dos EUA. Outras maneiras mais sutis foram adotadas, como as chamadas *guerras híbridas* ou, a depender do autor, *guerras não convencionais*, *guerras assimétricas*, *guerras não tradicionais*, *conflitos de baixa intensidade*, *guerras intraestatais*, *pequenas guerras*, *guerras de quarta geração (4G)*. Enfim, a literatura conta com notável criatividade semântica.

Isso não significa que as agressões diretas estejam descartadas. Por isso, começamos este capítulo afirmando que a grande questão não está em como as guerras são e serão travadas, mas sim na grande estratégia dos países, em seus encontros e desencontros.

Antes de adentrarmos a discussão teórica sobre a guerra híbrida, uma ressalva geral é importante. Hector Saint-Pierre (2013) alerta para os cuidados necessários com a importação de conceitos formulados a partir de outros objetivos políticos, como se fossem neutros, o que acaba por trazer riscos à soberania nacional. Um exemplo oferecido pelo autor é a definição de ameaças hemisféricas, em diálogo com o conceito de segurança multidimensional, quando, por exemplo, as migrações ou a pobreza passaram a ser consideradas ameaças à segurança dos Estados; quando na realidade elas indicam a incapacidade dos Estados de prover uma vida digna para suas populações. Dessa maneira, são militarizados problemas sociais que merecem respostas de vários tipos e esferas dos Estados.

Em outra oportunidade, Saint-Pierre (2019) levanta questionamentos semelhantes sobre as chamadas guerras de baixa intensidade focando, especificamente na Nicarágua. Elas apenas são de "baixa intensidade" para aquele que impõe a guerra – os EUA, no caso, que não precisam despender muito de sua capacidade bélica. Para a vítima – o povo que sofre com a guerra –, ela é total (no sentido clausewitziano), pois implica a mobilização de todas as forças locais. "As guerras são travadas entre dois beligerantes, e a definição dela ou compreende os dois ou terá duas definições, dependendo em que lado da disputa se encontre". O autor aponta, portanto, a prática colonial existente na Academia de replicar as definições da metrópole.

Em suma, os conceitos são políticos e ideológicos. Da mesma maneira, conceitos se tornam fortes e úteis na medida em que obtêm razoável consenso na comunidade científica e têm sua capacidade explicativa testada pela realidade. Palavras têm significados que podem levar a consequências drásticas na realidade que ultrapassa a teoria. Em outros termos, se acusarmos um sujeito ou uma organização de envolvimento com o narcotráfico, ou com o terrorismo, é preciso explicar o que entendemos por isso, as legislações domésticas e internacionais envolvidas e por que acreditamos no envolvimento com a prática. Só a partir daí essa conduta pode ser criminalizada ou não. Assim, deve-se ter muito cuidado com o emprego do conceito de guerra híbrida, visualizando se ela não é apenas mais uma maneira por meio da qual violações à soberania de países são cometidas pelas grandes potências, em especial o exercício da hegemonia em nosso continente, e apresentadas como humanitárias, ou modernizadoras, ou mesmo como um argumento usado internamente para promover o autoritarismo e a militarização das sociedades.

O conceito de *guerras híbridas*, em sentido estrito, significaria o uso militar combinado de dois elementos táticos ou duas forças de naturezas distintas. Apesar de simples, esse é um conceito bastante amplo, pois autores diversos adicionam elementos diferentes à "mistura" que gera o híbrido, tendo assim resultados diferentes. Desse modo, não temos a preocupação, neste texto, de propor uma conceitualização para as guerras híbridas. Nossa intenção é identificar as características que são comuns ou frequentes nas intervenções imperialistas que ocorrem na América Latina, como o uso de revoluções coloridas, *lawfare*, a cumplicidade de elites locais e, como em todo o mundo, o amplo emprego de ferramentas tecnológicas da comunicação.

Há divergências sobre quando e onde o conceito das guerras híbridas surgiu. EUA e Rússia se acusam mutuamente como criadores da prática. Para os russos, é o que teria ocorrido por iniciativa dos EUA na Síria em 2014. Por sua vez, os estadunidenses acusam a Rússia de praticar a guerra híbrida na Ucrânia também em 2014. Ainda para terceiros, é o que ocorre no Irã (Instituto Tricontinental de Pesquisa Social, 2019a) desde a década de 1980. Pepe Escobar (2016) afirma que o conceito apareceu oficialmente em 2010 no Manual de Guerras Não Convencionais das Forças Especiais dos Estados Unidos. Piero Leirner (2020) lembra que o conceito foi oficializado pela Otan em 2014, inclusive para caracterizar inimigos como o Hezbollah, considerado uma ameaça híbrida.

Desde o final da Guerra Fria, teóricos militares, tanto do Ocidente quanto do Oriente, têm discutido quais seriam as características das guerras no terceiro milênio e o papel que instrumentos não militares cumpririam nesses conflitos. Os generais russos Nicolai Makarov e Valeri Gerasimov, o britânico Rupert Smith, o francês Vicent Desportes, os chineses Qiao Liang e Wang Xiangsui chegaram a conclusões muito similares desde os anos 1990. Porém, a utilização do termo "guerra híbrida" pela primeira vez coube aos estadunidenses James Mattis e Frank Hoffmann, em 2005, em um artigo na revista *Proceedings*, chamado "Future warfare: The rise of hybrid wars" (Mattis; Hoffman, 2005).

O termo guerras híbridas é utilizado, inicialmente nos EUA, para caracterizar uma tática de Estados ou movimentos não ocidentais – aqui entendidos como qualquer civilização não caucasiana, cristã e/ou capitalista – para enfrentar a superioridade militar dos próprios estadunidenses, em especial, nos campos moral e psicológico. Naquele momento, os teóricos estadunidenses tinham em mente, em especial, os casos do Hezbollah, no Líbano, e do Hamas, na Palestina. Porém, atualmente, parte da bibliografia estadunidense e de seus aliados sobre as guerras híbridas dedica-se a acusar a Rússia do uso desses mecanismos, computando ao país a responsabilidade por uma série de eventos (é o caso de San Martin, 2019). O conceito costuma ser chamado também de "doutrina Gerasimov", em uma referência ao chefe do Comando Geral das Forças Armadas da Rússia.

No Brasil, a principal referência de estudo sobre as guerras híbridas é o livro de Andrew Korybko, *Guerras híbridas: das revoluções coloridas aos golpes* (Expressão Popular, 2018). Jornalista estadunidense radicado na Rússia e conselheiro do Instituto de Estudos Estratégicos da Universidade da Amizade dos Povos em Moscou, Korybko descreve detalhadamente como o conceito de guerras híbridas evoluiu no interior do pensamento militar estadunidense e qual sua importância na disputa geopolítica pela Eurásia. Embora outros autores mais recentes, particularmente militares que publicam no portal de internet Defesanet, também usem o termo, neste livro, ele é empregado com o sentido dado por Korybko e acompanhado pelas problematizações necessárias a uma epistemologia desde o Sul.

As guerras híbridas se diferenciariam de outras formas de guerras pelo uso combinado de forças regulares e irregulares, atuando de maneira coordenada do ponto de vista operacional e tático. Forças regulares correspondem à concepção de exércitos modernos: vinculados a um Estado e a um território; com hierarquia de comando verticalizada e bem definida com planos de carreiras, patentes e títulos; composta por profissionais, ou seja, pessoas exclusivamente dedicadas e, portanto, treinadas para as guerras – os soldados; normas disciplinares regulamentadas; unidades militares físicas, como quartéis; fardamento próprio e exclusivo; armamento padronizado etc. Uma guerra convencional é aquela travada entre duas forças regulares, algo cada vez menos comum nos dias atuais.

No sentido oposto, tudo o que não se classifica como uma força regular pode ser definido como *força irregular*, em que os instrumentos usados se apresentam como anormais (Bonaparte, 2001). Portanto, é uma classificação abrangente que inclui guerrilhas, organizações terroristas, milícias, movimentos de libertação nacional, banditismo social etc. As forças irregulares podem – e normalmente o fazem – incluir civis em suas fileiras.

A combinação de forças regulares e forças irregulares não é nenhuma novidade na teoria e na prática militar. Os teóricos militares da Prússia defendiam, no século XIX, o "armamento do povo" como forma de resistência à ameaça dos exércitos napoleônicos. A libertação da França da invasão nazista na Segunda Guerra Mundial, por exemplo, combinava a guerra convencional das forças aliadas com a ação das forças irregulares da Resistência. E igualmente fizeram a resistência italiana ou grega no mesmo período.

Cabe pontuar que Estados nacionais também podem recorrer a forças irregulares. Por isso, a utilização de civis e organizações internas de um Estado por outro Estado para desestabilizar o primeiro não transforma esse conflito em uma guerra entre entes estatais e não estatais, uma vez que os agentes não estatais dependem do apoio da potência externa para existirem. Em outros termos, parece mais uma guerra entre um Estado atacado e um Estado atacante com um comportamento dissimulado e sorrateiro, uma vez que deseja a invisibilidade. Por exemplo, é impossível ver os movimentos do Juan Guaidó, na Venezuela, de maneira dissociada dos EUA (Cohen, 2019).

Assim, a guerra híbrida conecta-se à geopolítica. Korybko aponta que esse tipo de guerra é pensado com direcionamento para o Heartland (coração da terra, conceito político forjado por Mackinder, 1904), um território entre a Europa e a Ásia, que, embora seja equivalente a dois continentes, geologicamente se refere a uma única extensão de terras, por sua localização, com grande importância econômica, política e cultural na história da humanidade. Em virtude de sua localização, a Rússia exerce forte influência no controle e na disputa dessa região. A aliança entre China e Rússia, o protagonismo que ambas as nações têm exercido no cenário internacional e, em especial, o plano de desenvolvimento da Nova Rota da Seda são mais do que suficientes para colocar, novamente, a ex-União Soviética em colisão com os interesses estadunidenses na região.

A estratégia de contenção da Rússia e da China pelos EUA passa, então, por desestabilizar as periferias das áreas de influência desses países, como a Ucrânia ou o Cazaquistão, no caso russo, e Hong Kong, no caso chinês, obrigando o país atacado a canalizar suas energias para as fronteiras próximas em uma posição de permanente defensiva e dificultando suas movimentações globais. Por fim, cabe pontuar que a América Latina é insignificante quando se parte do conceito de Heartland.

A literatura afirma que a guerra híbrida é característica de um momento multipolar e de mudança na hegemonia mundial. Na hegemonia americana vigente ao fim da Guerra Fria, caberiam trocas forçadas de regime, mas, ainda assim, cálculos políticos eram feitos sobre os custos internos da guerra e sobre o quão politicamente sensível é o alvo, lições mal extraídas pelos EUA da Guerra do Vietnã, se levarmos em conta os cálculos falhos sobre a invasão ao Iraque e ao Afeganistão.

Em um momento de multipolaridade, a liderança e o interesse do Estado atacante deveriam ser velados – daí a escolha pelas guerras híbridas. Assim, o atacante ficaria com o bônus da vitória, mas o ônus do conflito ficaria com seus procuradores no território, nacionais que levariam adiante a guerra híbrida e que seriam apoiados através das fronteiras com armas e treinamento. Entretanto, é preciso lembrar que Liddell Hart fala sobre a estratégia da abordagem indireta desde 1954, muito antes das discussões sobre as guerras de quarta geração e em um ambiente de bipolaridade. Na realidade, Vijay Prashad (2020) aponta que a preocupação com os custos para a imagem nacional dos Estados atacantes está presente desde a Segunda Guerra Mundial, mas se tornou doutrina a partir de 1962, durante a administração Kennedy nos EUA, que buscou desvencilhar o país das acusações de intervencionismo e colonialismo.

O acirramento das disputas entre EUA e China dificultam a caracterização do momento atual como multipolar. Da mesma maneira, é impossível descartar a Rússia como potência militar. Nesse sentido, não seria mais um tempo para as guerras híbridas, e sim retomaríamos as modalidades de guerra comuns durante a bipolaridade, como as guerras por procuração. Não vivemos uma nova Guerra Fria, mas essa visão é apresentada para justificar um conjunto de ações dos EUA direcionadas à América Latina, como a retomada da ideia de segurança hemisférica, inclusive ressuscitando o Tratado Interamericano de Assistência Recíproca (Tiar); as intervenções em governos não alinhados, como visto recentemente na Bolívia e por inúmeras vezes na Venezuela; a manutenção de países em caos social, como o Haiti; e o esvaziamento de mecanismos regionais de cooperação regional, como a União de Nações Sul-Americanas (Unasul). Em suma, não há espaço para graus de autonomia, ainda que "concedida", em um ambiente mais competitivo internacionalmente.

A guerra híbrida seria a tática mais adequada para as potências diante do núcleo alvo de seu objetivo. Quanto maior o peso geopolítico do alvo, maior a probabilidade de táticas híbridas serem acionadas em detrimento da intervenção direta. De fato, ninguém enfrenta um inimigo notoriamente mais forte por iniciativa própria de modo direto. São buscadas táticas pelas bordas, de pontos frágeis. Sob essa lógica, a guerra híbrida só pode ser levada adiante por grandes potências, o que a torna muito distinta das guerras revolucionárias.

Essa é uma distinção importante, pois as guerras revolucionárias e as guerras híbridas possuem um conjunto de traços comuns, uma vez que ambas são guerras não convencionais. Por exemplo, as duas modalidades envolvem combates assimétricos por excelência, tanto tecnológica quanto estrategicamente. Como não estão vinculadas – pelo menos de maneira oficial – a um Estado, o conflito entre forças irregulares e regulares é sempre desigual. Em geral, as forças irregulares são a forma militar utilizada contra um adversário que possui superioridade bélica ou numérica.

Ambas são guerras travadas no interior do território nacional, onde o "soldado-cidadão" possui conhecimento do território e independência das linhas de suprimento, ao contrário de uma força regular, e caracteriza-se ainda por não buscar a vitória imediata na batalha. As duas guerras são fluidas e descentralizadas temporal e espacialmente, não sendo possível delimitar um teatro de guerra ou seu momento de início/fim. É um tipo de guerra de desgaste, de manobra, de não apresentar frente fixa na qual o inimigo possa cercá-lo, imobilizá-lo ou aniquilá-lo (Saint-Pierre, 2000). Portanto, a imprevisibilidade, a surpresa, a mobilidade e a lógica para se explorar o espaço e o tempo têm muito peso, muitas vezes objetivando o caos. Para autores como Costa (2004) e Korybko, a guerra híbrida é a militarização da teoria do caos.

Em suma, resgata-se a experiência concreta das revoluções de libertação nacional e algumas formulações de Mao Zedong (a referência ao livro obedece a grafia antiga: Tsé-Tung, 2004). Entretanto, essas formulações continuam reivindicando a formulação de Clausewitz (1979) da guerra como uma continuação da política. Para Leirner (2020), a guerra híbrida rompe com essa definição, eliminando a fronteira entre os dois planos. "Não há 'continuação da guerra por outros meios', uma é o meio da outra."

Para Korybko, o conceito de guerra híbrida não é apenas o da combinação de forças regulares e irregulares, mas da combinação de duas táticas, as revoluções coloridas e a guerra não convencional – a guerra convencional só seria utilizada caso os dois estágios anteriores falhassem.

PRIMEIRO ELEMENTO: AS REVOLUÇÕES COLORIDAS

Para Leirner, o termo revolução colorida ficou conhecido com as chamadas "Revolução Rosa", da Geórgia (2003), e a "Revolução Laranja", da Ucrânia (2004), e posteriormente com as primaveras árabes. Vale lembrar também a revolução colorida na Sérvia, de 1998 a 2000, na qual o manual inspirador dessas ações escrito por Gene Sharp, *From dictatorship to democracy*, foi aplicado pela primeira vez pelo movimento Otpor! com o apoio da CIA. Posteriormente, esse material se tornou referência para o treinamento de nacionais nas demais revoluções coloridas.

As revoluções coloridas têm muito peso nas elaborações sobre a guerra híbrida. Existem bons trabalhos sobre os impactos das revoluções coloridas, como o de Ortega (2009), que os analisa na política externa. No que tange à guerra, Korybko considera que as revoluções coloridas reúnem física e virtualmente porções da população que compartilham (ou são trabalhadas para isso) as mesmas ideias contra o governo. Elas têm um pensamento de massa (que o autor chama de "mente de colmeia") que garante que a própria população passa a ser a disseminadora de ideias incutidas nela, em uma grande rede social. Liddell Hart (1954) faz afirmações semelhantes sobre como fabricar o consenso, primeiro coletando informações e depois levando adiante uma campanha de propaganda multifacetada. Essa rede é formada com apoio externo (virtual ou com agentes de campo como *think tanks*).

Quando há interesse, essas "abelhas" seriam ativadas, provocando enxames capazes de desestabilizar internamente os países por meio de diversos ataques com técnicas não violentas.

Assim, o componente principal das guerras híbridas não é o militar formal, mas sim a transformação de elementos "ordinários" do povo em componentes militares. Cabe questionar se o componente militar é o principal em qualquer guerra. Em nosso entendimento, a estratégia traçada é o principal para a vitória, acompanhada pelo compromisso dos nacionais com essa estratégia. O componente militar é um meio, às vezes mais, às vezes menos adequado à resolução dos problemas levantados. Não há nenhuma novidade nisso, pois, como aponta Sun Tzu, "o mérito supremo consiste em quebrar a resistência do inimigo sem lutar". Nesse sentido, está correta a afirmação do ex-presidente Barack Obama: "Só porque temos o melhor martelo não significa que todo problema é um prego" (Época, 2014).

Mas o relevante aqui é a importância dada ao reconhecimento do terreno e das pessoas que nele habitam antes de se passar à ação concreta, por meio de múltiplos organismos como a CIA ou o Pentágono, que podem recorrer ao auxílio de instituições autônomas e privadas como os *think tanks* e ONGs que possuam pesquisas sobre as questões socioculturais ou atuação política no país-alvo para compreenderem os setores sociais, as camadas, as fragilidades e as interações da sociedade desse país.

As disciplinas das humanidades ganham relevo para identificar fragilidades, elementos de tensão ou de fissura, vulnerabilidades que possam ser exploradas no país-alvo. Questões identitárias nacionais, por exemplo, como minorias étnicas, desigualdades regionais, aspirações independentistas, motivações religiosas ou históricas podem servir como gatilhos para a emergência das revoluções coloridas. Essas ações não são artificiais, praticadas no vácuo, mas construídas a partir de crises reais, de descontentamentos populares.

Holsti (1998) pontua muitos conflitos dessa natureza que ocorreram ao longo do século XX, mas que não ganharam visibilidade, uma vez que as atenções estavam voltadas para o grande confronto entre os dois blocos. O autor também chama a atenção para a conduta das grandes potências diante desses conflitos, que é a tentativa de reproduzir nesses ambientes o modelo de Estado democrático liberal capitalista, o que acaba por amplificar os problemas já existentes.

Cabe pontuar que, além de serem os agentes da guerra híbrida, os mais atingidos pela guerra também são os civis, uma vez que servem de escudo humano contra métodos estatais mais vigorosos, de modo mais ou menos consciente. Se por um lado a utilidade dos chamados "cabeças de ponte" sempre foi reconhecida na teoria militar, a ponto de Leirner lembrar como, desde o Vietnã e as Filipinas pós-guerra, a cooptação e a subjugação de líderes nativos eram uma técnica padrão de subversão e conquista da CIA; por outro, os civis em campo não substituem as Forças Armadas.

Saem de cena os corpos tradicionais dos Exércitos, mas permanecem o serviço secreto/inteligência, mercenários e empresas privadas.

A grande questão da guerra, desde Sun Tzu, segue sendo conhecer bem a si mesmo e ao inimigo. Em termos militares, identificar adequadamente o centro de gravidade do inimigo é basilar. Caberia questionar se a relevância dada aos nacionais na guerra híbrida faz que o centro de gravidade seja identificado com mais clareza. As guerras convencionais focam as Forças Armadas, a população ou estruturas de infraestrutura (petróleo, energia). A guerra híbrida foca nas bases do sistema de crenças. Isso ocorre porque é necessário quebrar a vontade do oponente sem lutar, por meio de operações psicológicas. Esse não é um raciocínio novo ou particular da guerra híbrida. Lind (1989) aponta a existência de operações que, posteriormente, seriam chamadas de revoluções coloridas.

O uso de mecanismos econômicos para desestabilizar o país-alvo é parte dessa fase anterior à intervenção direta. Os usos de sanções econômicas pelos EUA contra países que são tratados como obstáculos a seus interesses são largamente conhecidos e públicos. Em âmbito histórico, é o caso de Cuba desde a década de 1960, do Irã mais recentemente ou de episódios como a disputa comercial com a China em torno da tecnologia 5G. Não é segredo que o objetivo das sanções é piorar significativamente as condições de vida da população-alvo, de maneira que se incline de modo favorável a uma mudança de governo ou de regime.

Após o planejamento, inicia-se a fase de ação, seja física, com a presença de agentes em campo, seja virtual, buscando simpatizantes ou dissidentes. Estejam conscientes ou não de que estarão a serviço de outro país, o importante é que esse primeiro grupo contatado tenha convicção do objetivo de desestabilizar e derrubar o governo local.

Em reclamação ao Conselho de Segurança da ONU, o governo chinês afirma que o fundo estadunidense National Endowment for Democracy (NED) – em português, Fundo Nacional para a Democracia – "financiou, patrocinou e forneceu suprimentos a organizações, grupos, empresas, partidos políticos ou indivíduos" e "treinou manifestantes de linha de frente, estudantes e dissidentes" (Dimsum Daily, 2019, s. p.). Não seria a primeira vez. O NED já havia financiado as manifestações de 2014 em Hong Kong, um movimento laboratório para as técnicas de guerras híbridas, o *Occupy Central*. Além do financiamento e do treinamento, uma funcionária do consulado estadunidense foi fotografada em reuniões com os principais líderes das manifestações. Criado no início da década de 1980 pelo governo Ronald Reagan, o NED tem se dedicado há três décadas a destituir governos pelo mundo, incluindo Nicarágua, Venezuela e Ucrânia. Na Rússia, por exemplo, o NED foi declarado indesejável após investir milhões em campanhas de oposição ao governo Putin (Engdahl, 2015). Mais antiga, mas cumprindo o mesmo papel, existe a Agência dos Estados Unidos para o Desenvolvimento Internacional, conhecida pela sigla Usaid.

Entretanto, como diferenciar uma revolução colorida orquestrada externamente das legítimas manifestações sociais que buscam alargar os limites da cidadania e da democracia nos países? Como diferenciar a passagem da revolução colorida para o golpe ríspido, da passagem de protestos sociais que se transformam em insurreição popular? Em ambos os casos, as forças de mudança são acumuladas silenciosamente. Na aparência, a guerra híbrida é uma manifestação do povo contra o próprio governo – quando em essência é operada por outro Estado.

Os autores do Pentágono, particularmente Hoffman, diferenciam as guerras híbridas das maoistas (revolucionárias) pela utilização da "criminalidade". No caso das revolucionárias, existe a intenção de facilitar a progressão da oposição, se possível estabelecendo uma força convencional para uma batalha decisiva. As guerras híbridas recorrem à atividade criminosa para facilitar a desordem e a perturbação da nação-alvo. Entretanto, táticas de desestabilização também foram empregadas, por exemplo, nas ações de guerrilha urbana propostas por Marighella (1969) e praticadas contra a ditadura militar brasileira.

O PAPEL DAS REDES SOCIAIS

O início das revoluções coloridas aconteceu pela difusão de determinada informação entre a população, segmentada ou não, visando fabricar consensos por meio de mensagens produzidas de modo artificial cujo objetivo último, não necessariamente declarado, é a derrubada do governo.

Aqui, as redes sociais assumem um papel determinante. Por meio delas, o núcleo dirigente das ações faz a propaganda de suas ideias e recruta novos simpatizantes. Não há nenhuma surpresa nesse aspecto. Ao contrário, seria surpreendente acreditar em uma suposta neutralidade das redes sociais, afinal, por trás de sua aparência de "liberdade" e "anarquia", de suposta "autogestão" ou "nenhum controle", estão, na verdade, poucas empresas de tecnologia, todas sediadas nos EUA.

De modo simplista, todo aplicativo ou tecnologia necessita de uma fonte de financiamento e funciona sob a lógica do mercado.

O desenvolvimento dos *smartphones*, os telefones com acesso à internet, combinado com o uso dos GPS, permitiram um salto gigantesco em direção à *economia de dados*. Como explica Helena Martins (2019), houve uma digitalização da sociabilidade, produzindo um novo mercado de dados pessoais, já que computadores e programas produzem informações de maneira contínua, em escala e interconectada. Esse modelo de negócio baseado na extração e na comercialização de dados, centrado na publicidade, é a principal fonte de recursos de corporações como a Google, pois o tipo de informação que comercializa permite ampliar a segmentação, chegando à individualização dos padrões de comportamento e consumo.

Assim, alerta Martins, o que parece gratuito, na realidade, é uma troca: os serviços disponibilizados pelas companhias são a contrapartida para que os usuários forneçam informações pessoais. Soma-se a isso a mediação feita por algoritmos, que são códigos escritos por instituições que tentam prever ou direcionar comportamentos, para prender a atenção, reduzir o tempo livre, gerar necessidades de consumo, influenciar opções políticas etc.

A existência das redes sociais permite que seus usuários sejam monitorados permanentemente e que os dados pessoais – os *likes* e *joinhas*, os gostos, os locais em que alguém esteve, as relações que se estabelecem – estejam à disposição tanto para vender um tênis quanto para averiguar opiniões políticas. Pode ser antiético, mas não é ilegal. A engenharia nefasta das redes sociais é de que essa extração de dados é consentida, consciente ou não, e permanentemente alimentada por nosso próprio vício nessas plataformas.

Em um âmbito muito mais grave, é fartamente conhecida a colaboração da Microsoft (proprietária também do Skype), do Facebook (proprietário também do WhatsApp e do Instagram), do Yahoo!, da Google e da Apple no fornecimento de informações privadas de todos seus usuários para o programa de espionagem massiva chamado PRISM, conforme veio à tona por meio da denúncia realizada por Edward Snowden (Greenwald, 2014).

Se as mensagens são fabricadas, isso não significa, em contrapartida, que elas não possuam algum lastro na realidade. Com efeito, elas são produzidas a partir de pesquisas que identificam questões sociais e culturais que possam mobilizar a população. O importante é que o receptor se identifique e internalize as ideias que lhe são apresentadas, dando a impressão de que chegou àquelas conclusões por conta própria. Não são fábulas ou ficção, mas operações psicológicas.

Para isso, ainda que possam ser apresentadas como *fake news*, como fatos que verdadeiramente não ocorreram ou não ocorrerão, elas precisam estar lastreadas em desejos ou sentimentos correspondentes da população. Vejamos o caso da campanha pela saída do Reino Unido da União Europeia, o Brexit. A campanha direcionou o descontentamento e a frustração social com o desemprego e a economia para a figura dos imigrantes, anunciando que "76 milhões de turcos entrariam no Reino Unido através da União Europeia". Detalhe: a UE não discutia em nenhum momento a entrada da Turquia no bloco (ver a palestra da jornalista Carole Cadwalladr sobre o papel do Facebook no Brexit, Cadwalladr, 2020).

O jornalista italiano Giuliano Da Empoli descreve como as redes sociais foram utilizadas para capturar dados dos eleitores britânicos no caso do Brexit:

> Num primeiro momento, os físicos estatísticos cruzaram os dados das pesquisas no Google com os das redes sociais e com bancos de dados mais tradicionais, para identificar os potenciais apoios ao '*Leave*' [o voto pela saída] e sua distribuição pelo território. Depois, explorando o '*Lookalike Audience Builder*', um serviço

> do Facebook muito popular entre as empresas, eles identificaram os 'persuasíveis', ou seja, os eleitores que não haviam sido trazidos para o campo do Brexit, mas, com base em seus perfis, podiam ainda ser convencidos. Uma vez delimitada a área potencial do 'Leave', passaram ao ataque com o objetivo de conceber as mensagens mais convincentes para cada nicho de simpatizantes. (Empoli, 2019)

Ainda que o objetivo final das revoluções coloridas seja a derrubada do governo, as mensagens que elas propagam não podem ser unicamente agressivas. Em primeiro lugar, elas devem ser suficientemente genéricas para aglutinar outros simpatizantes. Assim, essas "revoluções" se movem em torno de temas muitas vezes universais ou incontestáveis, como "por democracia", "pela liberdade" ou "contra a corrupção". As bandeiras genéricas cumprem o papel de aglutinar outros setores mais distantes do núcleo ideológico e de oferecer uma pauta de reivindicações impossíveis de serem atendidas pelo governo atacado. Como mensurar se um governo concedeu "a liberdade" ou se "a corrupção acabou"? Isso é determinante, ainda, para garantir que o movimento seja continuamente mobilizado, já que suas bandeiras jamais serão atendidas integralmente.

Por coincidência, essas técnicas remontam ao fascismo, que, não à toa, é também um fenômeno político dirigido pelo capital financeiro e alimentado pelas frustrações dos setores médios, da pequena burguesia, em seu temor constante pela proletarização. O fascismo apresenta-se com uma máscara "modernizadora" que esconde um conteúdo social conservador, com um pragmatismo radical sustentado por mitos irracionalistas (Konder, 2009). Expressa-se ainda em um culto à ação combinado com a recusa à razão, no qual esse predomínio da ação é, antes de mais nada, a negação em pensar ou refletir. Como afirma Umberto Eco, "todos os textos escolares nazistas ou fascistas baseavam-se em um léxico pobre e em uma sintaxe elementar, com o fim de limitar os instrumentos para um raciocínio complexo e crítico" (Eco, 2016, s. p.). Para evitar a reflexão, é necessário combater e omitir as contradições, ao mesmo tempo que se produz uma identidade mínima, suficiente para garantir a unidade do movimento, por exemplo, a nacionalidade, apresentada como um valor superior a qualquer indivíduo e aos conflitos entre classes e grupos sociais. De maneira que combater o movimento é também combater "a nação".

Tampouco o uso da comunicação massiva para atingir o adversário é exclusividade da guerra híbrida. Basta pensarmos nas imagens dos aviões distribuindo panfletos nos *fronts* da Segunda Guerra Mundial ou nas transmissões clandestinas de rádio dos EUA para Cuba e para o Leste Europeu no século XX. O uso da tecnologia para campanhas de propaganda, informação e desinformação em grande escala é intrínseco às guerras em sua concepção moderna.

Porém, existem três diferenciais, neste século XXI, na forma como a comunicação é organizada e que são aproveitados plenamente pelas táticas híbridas. A primeira dimensão é a da velocidade, uma vez que as transmissões são feitas em tempo real e por um usuário comum; a segunda dimensão é a da abrangência, pois as redes sociais e a internet alcançaram, inclusive, áreas mais remotas ou menos urbanizadas, como o meio rural; a terceira dimensão é a customização dos conteúdos, a personalização da mensagem a ser distribuída a cada público em virtude do uso dos algoritmos. Essa combinação proporciona um salto de qualidade para a execução de operações psicológicas e de informação, ampliando a doutrina contrarrevolucionária francesa ao dedicar-se à conquista de corações e mentes.

A AÇÃO

Na ação política, têm destaque as organizações locais, supostamente independentes. São elas as responsáveis por: fornecer dados da realidade local que serão utilizados para a escolha dos métodos psicológicos e do conteúdo de propaganda mais adequados; recrutar e formar os ativistas por meio de financiamento de pesquisas, bolsas, organização de cursos; legitimar determinadas ideias nos meios de comunicação. São elas também que mantêm o contato com o Estado externo, recebendo, inclusive, financiamento por meio de ONGs e *think tanks,* que também servem como um "seguro" caso ocorra a interrupção pelo governo-alvo de outras fontes locais de recursos que o movimento tenha, como por meio de bloqueios de contas ou prisão de financiadores.

Tanto na fase de disseminação das mensagens, do treinamento pelas ONGs e *think tanks* quanto na de mobilização, esse movimento se estrutura organicamente em três níveis. No centro está o núcleo ideológico, a vanguarda, o pequeno grupo dirigente, bastante comprometido com o objetivo de derrubada do governo. Esse núcleo dialoga com a massa dos participantes por meio de um segundo nível, uma esfera intermediária, formada por ativistas também comprometidos com a causa, mas com menor acesso a informações que o núcleo. Eles são a "cara pública" do movimento, os porta-vozes, os responsáveis por representá-lo para as massas. Porém, uma vez que eles não integram o núcleo central, caso seja necessário, individualmente eles podem ser substituídos, descartados ou sacrificados. Como destaca Korybko, em grande número, eles são poderosos e de valor; mas, individualmente, não passam de um mero peão (Korybko, 2018). São eles que recebem treinamento e são responsáveis pelas mídias sociais. O terceiro nível é dos participantes em geral, a massa, predominantemente inconsciente dos verdadeiros objetivos do núcleo ideológico.

Para Korybko, o desencadeador da revolução colorida é "o acontecimento" (Korybko, 2018), que deve ser algo controverso e polarizador (ou, ao menos, retratado dessa maneira) e liberar toda a energia acumulada do movimento, funcionando como um gatilho. Exemplos de gatilhos são resultados eleitorais, aprovação de leis controversas, medidas impopulares do governo, prisões de líderes de oposição. Ainda segundo Korybko, não importa se esses acontecimentos ocorreram de verdade ou não; o que importa é como eles são percebidos, retratados e narrados para o público em geral. As alegações são mais fundamentais do que as provas para catalisar um acontecimento. A ação das revoluções coloridas pode receber ou não apoio das mídias tradicionais, de acordo com o contexto e a propriedade delas em cada país. Por isso, o importante é que, antes desse grande acontecimento, a fase da disseminação de informação tenha sido bem-sucedida. Por exemplo, o suicídio do vendedor de frutas Mohamed Bouazizi, que ateou fogo ao próprio corpo como protesto contra a pobreza e a corrupção, desencadeou a Primavera Árabe na Tunísia.[3] Ainda sobre isso, cabe pontuar que os gatilhos podem ser espontâneos ou fabricados, mas, mesmo quando provocados, sempre têm uma base material e real.

É crucial a ocupação de um lugar simbólico – uma praça, a sede de uma instituição, uma avenida –, constituindo uma espécie de quartel-general público do movimento. Ainda que esse movimento se apresente como espontâneo, de imediato ou em seguida, necessitará de uma infraestrutura física, como um palco ou barracas. Essa infraestrutura social do movimento pode já estar organizada antes do "acontecimento" ou se fortalecer a partir dele. A ocupação é essencial para criar o fato midiático, mas também para atrair novos simpatizantes. Se for ilegal, já oferece o pretexto para a confrontação com as forças oficiais. Se houver confronto, expressa a vilania do governo. Se não houver ofensiva das forças policiais, demonstra a força do movimento, capaz de imobilizar ou ganhar a adesão de parte do próprio Estado. A presença de celebridades e *shows* também é importante para a atração de jovens ao movimento, assim como o caráter de "informalidade" e de camaradagem, semelhante a um acampamento ou um festival de música. Em seguida, vêm os apoios internos – de celebridades ou de políticos de oposição – e externos, motivados por campanhas também nas redes sociais ou por apresentação do movimento no exterior com suas bandeiras genéricas, da democracia e da liberdade. Até aqui, é uma tática comum a organizações desestabilizadoras de governo, mas também a movimentos reivindicatórios, como o Occupy Wall Street ou a ocupação de parte da Avenida Paulista pelo Movimento dos Trabalhadores Sem Teto.

No caso de Hong Kong, por exemplo, o gatilho para os protestos iniciados em março de 2019 seria, supostamente, a aprovação de uma lei que permitiria a extradição de criminosos procurados em territórios com os quais Hong Kong não possui acordo de extradição, como a própria China. Ou seja, apresentados como protestos pela liberdade e pela democracia, sua origem é a reivindicação para que criminosos fugitivos não sejam presos ou julgados fora de Hong Kong. A revogação da lei era a primeira das cinco reivindicações dos manifestantes; outras três eram relacionadas aos próprios protestos (investigar os excessos policiais, retirar a caracterização de motins, oferecer anistia aos manifestantes presos); e, finalmente, havia o sufrágio universal para os cargos do executivo.

Tendo a lei de extradição como "o acontecimento", praças e ruas se tornaram locais públicos para os protestos – nos quais se somaram descontentes com a especulação imobiliária e crise habitacional e a abissal desigualdade econômica e social em Hong Kong –, mas foi a ocupação do Aeroporto Internacional que forneceu a imagem esteticamente mais apropriada para circular pelas redes e pelos canais do Ocidente. Houve repressão policial, e as imagens de conflitos foram fartamente distribuídas pelos canais tradicionais e pelas redes sociais. Por garantia, Facebook, Twitter e YouTube – que alegam dificuldades para combater *fake news* e canais de ódio no Brasil – tiraram do ar perfis favoráveis à China. Somente o YouTube desativou 210 canais (Culliford, 2019).

Assim, o que os casos de Hong Kong e do Oriente Médio revelam é que, na guerra híbrida, a duração do movimento é indeterminada *a priori*, mas deve-se estendê-lo por tempo suficiente para desgastar gradualmente o governo-alvo, alimentando a instabilidade política, até que seu desfecho ocorra por ação institucional (um golpe parlamentar ou jurídico), militar (um golpe de Estado tradicional) ou insurrecional. Na pior das hipóteses, a criação do caos e a instabilidade política interna são suficientes para impedir que o governo-alvo tenha condições de esboçar uma reação ofensiva.

Em Hong Kong, a lei de extradições foi revogada, porém os protestos não terminaram. Ao contrário: eles prosseguiram, mas também tiveram seu caráter alterado. Em julho de 2019, os manifestantes tentaram ocupar o Conselho Legislativo. Adiante, os protestos passaram a estimular símbolos de identidade: a bandeira do período colonial britânico foi utilizada em protestos, cartazes com os dizeres "Hong Kong não é a China", e até ataques a cidadãos chineses foram realizados. Em setembro, as manifestações começaram a incluir o consulado dos EUA no itinerário, e milhares de bandeiras estadunidenses estiveram nos protestos, exigindo que o país ocidental impedisse a entrada por divisas e congelasse bens de oficiais do governo de Hong Kong no território estadunidense. E então, surpresa (!), surgiram os *black blocs*, e os protestos de outubro e novembro foram marcados pela destruição de estações de metrô e, principalmente, de agências do Banco da China.

Retomando as considerações teóricas sobre as guerras híbridas, caso a revolução colorida falhe, inicia-se o segundo estágio, o do conflito abertamente armado – seja pela ação paramilitar de guerrilhas urbanas, seja rural. Esse é o caso da Bielorússia, do Uzbequistão, da Síria e da Ucrânia.

O objetivo da guerra é a imposição da vontade de um sobre o outro. Caso ela não seja conseguida por meio do colapso interno, nada impediria a adoção de uma tática mais agressiva que inclui a destruição massiva do inimigo fisicamente. Dizemos massiva porque, em caso de repressão aos grandes protestos, inevitavelmente têm sido vistas mortes, classificadas como "danos colaterais", todos eles internos ao país golpeado, e não ao poder hegemônico.

Portanto, combinando as medidas indiretas e o uso determinante de tecnologias, o governo hostilizado tem, diante de si, um adversário complexo e imprevisível, porque utiliza métodos flexíveis e ataca em diferentes campos (na mobilização nas ruas, nas redes sociais, na mídia) simultaneamente e trazendo a disputa para o campo subjetivo e simbólico. E, com isso, adota formas não institucionais, configurando-se como um movimento em vez de um partido, aspectos que dificultam a reação nos termos institucionais do governo em questão.

LAWFARE

Nas formulações clássicas, como a de Hoffman e a de Korybko, as guerras híbridas não se movimentam no terreno institucional tradicional, como em parlamentos ou no Judiciário. Parte-se do pressuposto de que a ofensiva dos EUA é uma guerra não declarada contra outra nação, e, dessa maneira, não apenas o governo do Estado-alvo deve ser atingido, mas o Estado em si, em seu conjunto de instituições e funcionamento. Seu objetivo é o "caos administrado", ou seja, um país é atacado por dentro para que o sistema e o Estado sejam comprometidos em sua estrutura, em sua confiança, em sua capacidade de representatividade ou de responder ao ataque. O ideal é que o Estado como um todo não possa reagir ao ataque.

Entretanto, aqui é possível identificar uma distinção entre a aplicação das guerras híbridas no Oriente e as intervenções na América Latina. O caráter subordinado e dependente das elites locais, econômica e culturalmente, permite que em nosso continente a ação de desestabilização conte com um apoio local dentro do aparelho estatal já existente, e não necessariamente ocorra sob o disfarce de uma nova classe política ou um novo movimento. Quanto aos EUA, são pragmáticos, definindo seus aliados a partir da missão identificada, e não o contrário.

Os parlamentos e o poder Judiciário, no caso latino-americano, podem assumir um papel central em legitimar o desfecho da revolução colorida e, portanto, da derrubada do governo. Em países já marcados pelo "estado de exceção" jurídico – nos quais há uma lei aplicada sobre os pobres e outra (não) aplicada aos ricos, por exemplo –, o uso de medidas de manipulação jurídica para perseguição política, o chamado *lawfare*, pode passar despercebido ou ser tomado como normal, e não como a continuação da política por outros meios.

O termo é uma junção das palavras inglesas *law* (lei) e *warfare* (guerra, conflito), e foi cunhada pelo major-general Charles J. Dunlap Jr. (2001) justamente para se referir a conflitos modernos. Em essência, significa utilizar a lei para atingir um objetivo militar. Ora, o objetivo militar primordial é impor sua vontade sobre o outro. Ademais, se trata de aplicar essa lógica no terreno da política – judicializando a política ou politizando o Judiciário –, mas igualmente pretendendo destruir o adversário. Para tanto, recorre-se a um conjunto de mecanismos como violação do rito judicial, abuso de autoridade, ausência ou dispensa de provas e, ainda, farto uso das "provas indiretas", em que a interpretação judicial é a "prova direta".

Outra justificativa para a adoção do *lawfare* se deve ao fato de que o Estado mínimo ultraliberal exigido pelo capital financeiro na América Latina reconfigura as funções estatais para que se especialize na função primordial de monopólio da violência, incrementando-se as tarefas repressivas e de contenção dos descontentamentos sociais pela força, ao passo que transfere para a esfera empresarial as funções de provimento de educação, saúde e outras áreas sociais. Não se trata de um estado de direito, mas de um estado de exceção, contínuo e permanente.

Note-se que o uso de termos militares identificados com ação jurídica é muito significativo. A guerra é um momento considerado excepcional por qualquer Estado ou legislação. É um momento em que se autoriza de maneira legítima a suspensão de alguns direitos em virtude do estado de guerra. Em outras palavras, o *lawfare* significa, na prática, suspender as normas institucionais e do direito para que o "inimigo", o réu, seja imobilizado.

Quem não compreende esse movimento dos operadores do direito confia que os leões se comportarão como cavalheiros, com sentimentos republicanos, em uma reunião com gazelas.

3. A OFENSIVA SOBRE A AMÉRICA LATINA

A DISPUTA CENTRAL DA ECONOMIA E DA GEOPOLÍTICA DESTE SÉCULO se dará entre EUA e o bloco liderado pela China e pela Rússia. Se, por um lado, diferente da Guerra Fria, não se trata de dois blocos de organizações sociais distintas, antagônicas, como o capitalismo e o socialismo, por outro, o momento atual remete a uma condição militar da Guerra Fria: potências em litígio são poderosas demais para um conflito militar direto, sendo preferíveis a ação indireta e as políticas de influências.

Os anos 1990 foram uma breve interrupção na larga trajetória de golpes de Estado nos países latino-americanos. Após mais de duas décadas de golpes e regimes militares, Washington substituiu os generais por economistas formados em Chicago e outras faculdades estadunidenses hábeis em pressionar governos por meio de organismos multilaterais. O neoliberalismo desregulamentou mercados, abriu caminho para que o sistema financeiro não encontrasse obstáculos em transformar os bens da natureza em ativos financeiros – com a aplicação de leis de patentes, por exemplo, que permitiram que empresas estrangeiras registrassem como seus os bens da natureza, como frutas e sementes – e reduziu o Estado radicalmente, privatizando e desnacionalizando os serviços públicos.

A América Latina cumpre um papel nessa disputa geopolítica internacional pela transformação dos bens da natureza em ativos financeiros, as *commodities*. Ou seja, é no território latino-americano que ocorrem os processos atuais de subordinação da natureza aos interesses do mercado global, ignorando os interesses e a sustentação de seus próprios povos, o equilíbrio do meio ambiente e do metabolismo ser humano-natureza.

Esse processo de acelerada destruição da natureza foi reforçado pelo sistema financeiro internacional, que buscava alternativas de lucros rápidos ao fracasso das bolhas da internet ("bolha da Nasdaq") e imobiliária ("bolha do *subprime*") por meio dos mercados futuros, atraindo investidores para um mercado que fora desregulamentado e desnacionalizado nos anos 1990 na primeira onda neoliberal (eram os valores do mercado *futuro* que determinavam os preços do presente dessas *commodities*).

Inicialmente, o neoliberalismo pode gerar um pequeno período de entusiasmo e crescimento, mas, com rapidez, seus efeitos se dissolvem. A crise financeira própria do sistema se instala, e não há nenhum Estado com força suficiente para proteger o país. Assim quebraram, um a um, os modelos neoliberais dos anos 1990: o México, a Rússia pós-URSS, a Argentina e o próprio Brasil.

Como reação, os anos 2000 elegeram de modo democrático presidentes ou programas de reação antineoliberal, não necessariamente de ruptura. Porém, a partir de 2002, presidentes democraticamente eleitos na América Latina sofreram golpes ou tentativas de golpe em Honduras, no Paraguai, na Bolívia e na Venezuela, por exemplo. A seguir, discutiremos melhor as iniciativas que tiveram maior repercussão internacional.

Agora, diante da crise econômica internacional gerada pela acentuada financeirização e em plena disputa pela manutenção da hegemonia global, os EUA ampliam sua ofensiva pela restauração da subordinação política e econômica do continente latino-americano aos interesses de Washington perante a ameaça de perda de influência, mercado e *commodities* para a China.

Após a crise econômica de 2008, a China estimulou uma recuperação econômica mundial quando dedicou 7% de seu produto interno bruto para a aquisição de petróleo, madeira e minerais, beneficiando de modo direto os países latino-americanos vendedores de *commodities*. Atualmente, os chineses são o segundo maior sócio comercial da região, mas já superam os EUA como o principal parceiro comercial da Argentina, do Brasil, do Chile, do Peru e do Uruguai. No terreno diplomático, ainda que o repertório não seja o mesmo, dada a heterogeneidade do continente, ele se limita a variações de tons de subordinação comercial, militar ou diplomática.

Em contrapartida, o conceito de hostilidade utilizado é bem amplo. O *Manual para guerras não convencionais das forças especiais dos Estados Unidos* é bem claro: "O objetivo dos esforços dos EUA nesse tipo de guerra é explorar as vulnerabilidades políticas, militares, econômicas e psicológicas de potências hostis, desenvolvendo e apoiando forças de resistência para atingir os objetivos estratégicos dos EUA" (U.S. Army, 2010). O que classifica um país como potência hostil e, portanto, um possível alvo da aplicação de intervenções militares, comerciais ou diplomáticas? A resposta é quase óbvia: o não alinhamento subordinado aos EUA.

Parece evidente que há países nos quais os conflitos com os estadunidenses são evidentes e não solucionáveis, na medida em que não podem ser equacionados, a não ser pela transformação total do país ou do regime, como no Irã. Na América Latina, com Cuba, o caso mais extremo é certamente o da Venezuela, em que a ascensão do chavismo interrompeu décadas de subordinação da economia petrolífera do país às petroleiras estadunidenses.

No entanto, a eleição de governos progressistas e críticos ao neoliberalismo em países como a Argentina, a Bolívia, o Brasil e o Equador foi suficiente, mesmo que sem políticas de ruptura direta com o imperialismo, para limitar a execução de alguns interesses estadunidenses na região. As iniciativas mais importantes foram as multilaterais. A Cúpula de Mar del Plata, em 2005, bloqueou o projeto econômico de uma Área de Livre Comércio das Américas (Alca), que selaria a dependência econômica desses países com o gigante do Norte. Em seguida, se constituiu um bloco político e econômico, inicialmente por meio do Mercado Comum do Sul (Mercosul), depois ampliado para vários temas, inclusive o militar, com a formação da União de Nações Sul-Americanas (Unasul), que enfraqueceu a hegemonia que os EUA sempre exerceram na Organização dos Estados Americanos (OEA). Por fim, esse bloco desenhava uma integração justamente com a articulação formada pelos Brics. Portanto, diante dessas iniciativas, o interesse estadunidense diz respeito à retomada inconteste de sua hegemonia política e econômica na região.

O segundo motivo bastante nítido para a retomada da ofensiva estadunidense é o domínio dos bens comuns da natureza. Para superar a crise econômica gerada pela dinâmica do capital fictício e que submeteu a economia global a uma recessão internacional, o capitalismo tem adotado medidas como a redução dos direitos dos trabalhadores e das trabalhadoras – tratados como "custos de produção" – e a eliminação de direitos previdenciários e trabalhistas. Também tem acelerado a transformação de bens da natureza em mercadorias, especialmente os minérios, as *commodities* agrícolas, a água e, claro, as fontes de energia, sejam agrocombustíveis, sejam hidrocarbonetos. Em suma, países que desejam exercer sua soberania política sobre seus bens da natureza são fortes candidatos a Estado-alvo.

Em contrapartida, ainda que a América Latina seja um conceito bastante amplo para abarcar a diversidade social, cultural e política de uma região que se estende do México à Patagônia, há um elemento político que parece comum a toda essa área: aqui, a identidade de interesses entre os EUA e as classes dominantes locais é um elemento estrutural, construído em mais de um século de subordinação, cujas raízes mais remetem ao período da formação dos Estados nacionais e à própria gênese dessas formações sociais. A mentalidade colonizada, subordinada e obediente, é praticamente uma característica "genética" das elites latino-americanas, assim como um comportamento econômico parasitário. Em outras palavras, as classes dominantes latino-americanas rejeitam qualquer projeto de soberania nacional e autonomia econômica e contentam-se com o papel de mediadoras da exploração e da extração de riquezas da periferia para o centro, como sócias menores do imperialismo (Fernandes, 2000). Assim, as relações entre os EUA e as classes dominantes locais são tão estreitas que dispensam a intervenção direta, ainda que o apoio financeiro e diplomático seja sempre bem-vindo.

Somente quando a oposição local é incapaz de dar conta da tarefa é que os estadunidenses adotam um protagonismo direto. Mas, no caso latino-americano, com exceção da situação na Venezuela e na Bolívia, o uso do conflito armado não parece estar, neste momento, no repertório das intervenções. São preferidas táticas de abordagem indireta, e, para elas, possuem um vasto repertório.

Um primeiro conjunto são medidas econômicas, como a imposição de reformas de desregulamentação ou aniquilação econômicas, trabalhistas, previdenciárias e ambientais elaboradas por mecanismos multilaterais, como o Banco Mundial, e operadas por agentes locais formados por universidades, bancos e *think tanks* estadunidenses.

Outro, como parte ou consequência da implantação desse modelo econômico pelos governos locais, gera uma situação de instabilidade política e conflito, com contornos contestatórios de viés progressista, como no Chile ou na Argentina, ou de viés conservador e protofascista, como no Brasil ou na Colômbia. No segundo caso, a pauta conservadora invade o cotidiano por meio das redes sociais, da ação partidária e do discurso conservador de ONGs ou supostos movimentos civis como *Con Mis Hijos No Te Metas* ou o *Escola Sem Partido,* ambos contrários às discussões de gênero e sexualidade nas escolas. Esse processo é acompanhado pela expansão de igrejas neopentecostais tributárias do fundamentalismo estadunidense. Em suma, além do arsenal econômico, aciona-se o repertório cultural.

Por fim, ainda sem o emprego militar direto, utilizam-se de elementos da própria institucionalidade estatal, como parlamentos e o Judiciário, para levar as intervenções a cabo.

Para deixar mais claro, examinaremos alguns casos exemplares da intervenção estadunidense na região, em sua diversidade de táticas, como: as revoluções coloridas, os golpes com apoios paramilitares, as guerras híbridas e o uso do *lawfare*. As experiências estão dispostas em ordem alfabética.

BOLÍVIA

O desfecho que forçou a renúncia de Evo Morales em novembro de 2019 utilizou técnicas mais tradicionais dos golpes de Estado, como a participação das Forças Armadas de maneira indireta, por meio da inação militar oficial diante da ação de forças paramilitares para a destituição de Evo. Entretanto, é possível identificar elementos da guerra híbrida na gestação e na execução da derrubada do governo boliviano.

A Bolívia é rica em minérios, sendo a principal fonte de estanho mundial e a responsável por até 70% do suprimento mundial de lítio, minério utilizado em baterias de produtos que vão de telefones celulares a carros elétricos. Para que empresas estrangeiras explorassem esses recursos, o governo boliviano exigia a manutenção de pelo menos metade do controle das minas nas mãos de empresas nacionais, e que parte do lucro fosse usada para o desenvolvimento local. Apenas as empresas chinesas concordaram com a exigência, que desagradou EUA, Europa e Canadá. Não à toa, como registrou Vijay Prashad, no dia seguinte ao golpe, as ações da Tesla, maior fabricante de carros elétricos, dispararam nas bolsas de valores (Instituto Tricontinental de Pesquisa Social, 2019b). Meses depois, o proprietário da empresa, Elon Musk, admitiu, nas redes sociais, a participação no golpe. A Bolívia possui, ainda, importantes reservas de hidrocarbonetos, em especial de gás, cuja nacionalização foi justamente uma das primeiras medidas do governo Morales.

Antes mesmo da eleição de Evo, os EUA já financiavam ações de fortalecimento do empresariado local e de ataques aos setores populares e partidários da candidatura de Morales. Eleito, cabia derrubá-lo com o Movimento ao Socialismo (MAS) – sendo ambos frutos das mobilizações que defenderam os bens da natureza bolivianos e paralisaram o país diversas vezes no início dos anos 2000, compondo a onda progressista de bloqueio ao neoliberalismo na América do Sul.

Desde 2002, foram investidos mais de US$ 97 milhões pela Agência dos Estados Unidos para o Desenvolvimento Internacional (Usaid) em ONGs e entidades bolivianas. Em um país cindido étnica e regionalmente, os estadunidenses apostaram no aprofundamento das diferenças sociais, econômicas e culturais entre a chamada Meia-Lua, a região rica de Santa Cruz, onde se concentra o agronegócio, e o restante do país. Não é mera coincidência o líder golpista Luis Fernando Camacho emergir dessa região. Já os vazamentos da correspondência diplomática pelo *WikiLeaks* revelaram que o candidato derrotado por Morales, Carlos Mesa, reunia-se com os embaixadores dos EUA desde 2008. Ele mesmo é integrante de um *think tank* sediado em Washington, o Diálogo Interamericano, financiado tanto pela Usaid quanto por petroleiras como Chevron e Exxon.

A Bolívia já é campo de desestabilização usando técnicas híbridas desde 2016, quando se realizou um plebiscito sobre uma reforma constitucional que possibilitaria a disputa de um quarto mandato presidencial por parte de Evo Morales. Na ocasião, uma empresa brasileira utilizou a coleta e a análise de dados massivos (*Big Data*) para identificar tanto sentimentos e comportamentos quanto perfis que poderiam ser explorados, construindo, em seguida, discursos específicos para esses públicos. Por exemplo, em vez de uma campanha genérica "para mulheres", um dos discursos poderia ser direcionado de maneira específica, voltado para mulheres com mais de 30 anos de idade, mães, de origem indígena, moradoras de determinado bairro e que compartilhassem um mesmo descontentamento social. A própria empresa, na época, se comparou à Cambridge Analytica, que empregou dados do Facebook para interferir no plebiscito de saída do Reino Unido da União Europeia (Brexit).

Outro exemplo da utilização dos recursos de guerra híbrida, já durante a campanha eleitoral, foi uma campanha em contas do Twitter para culpar Morales pelos incêndios na Amazônia – provocados por apoiadores de Jair Bolsonaro no Brasil (!). A propagadora da campanha foi Jhanisse Vaca Daza, da ONG Ríos de Pie/Standing Rivers, receptora de fundos da NED e da Usaid, mas também do Oslo Freedom Forum e da Human Rights Foundation (HRF), que financiam manifestantes na Venezuela e em Hong Kong.

O "acontecimento" utilizado para iniciar a guerra híbrida foi o questionamento dos resultados eleitorais que concederiam um novo mandato para Morales. Além do não reconhecimento pelos opositores dos resultados, manifestações violentas foram iniciadas, com uma narrativa em defesa da liberdade foi prontamente difundida pelas redes sociais. O fator religioso – como no papel da Igreja católica em Hong Kong – também foi determinante, nesse caso com destaque para a ação das igrejas neopentecostais.

Esse processo foi acompanhado pela insurgência de policiais e militares que se organizaram como forças paramilitares e atacaram violentamente familiares de lideranças do governo e de movimentos. Talvez o maior símbolo desse momento foi a tortura, transmitida ao vivo pelas redes sociais, sofrida na rua por Arce Guzman, prefeita eleita pelo MAS. As forças regulares não se moveram diante dos paramilitares, o que configura uma adesão tácita ao golpe. Assim, o golpe de força se iniciou por meio das forças irregulares e evoluiu para o emprego e o desfecho pelas Forças Armadas convencionais. Cabe pontuar que todos os militares envolvidos no golpe foram treinados no Instituto de Segurança do Hemisfério Ocidental, em Fort Benning, Georgia – denominação atual da instituição sucedânea da antiga Escola das Américas, mantida pelos EUA durante décadas em seu enclave na Zona do Canal do Panamá e usada para a formação de toda uma geração de ditadores latino-americanos. Entre os formados na nova instituição, encontra-se o chefe das Forças Armadas bolivianas Williams Kaliman, que "sugeriu" a renúncia a Evo. Além dele, áudios revelaram a participação de outros quatro militares e do ex-candidato presidencial Manfred Reyes Villa, todos ex-alunos da "nova" Escola das Américas.

No caso boliviano, chama a atenção, ainda, que a movimentação dos recursos da guerra híbrida permaneça ativa após o golpe, atuando para legitimá-lo. Mais de 68 mil contas falsas foram criadas no Twitter na semana do golpe e nos dias seguintes. Os perfis dos líderes golpistas Luis Fernando Camacho e da autoproclamada presidente Jeanine Áñez foram inflados em poucas horas. Camacho saltou de 3 mil para 130 mil seguidores, dos quais mais de 50 mil são de perfis criados no mês de novembro. Ao cruzar os dados dos seguidores de Camacho e Áñez, a apuração do jornal *Diario da Espanha* encontrou 9 mil seguidores recém-criados e com um discurso de apoio ao golpe. Segundo o portal The Verge, no mesmo período, mais de 4 mil perfis falsos distribuíram a mensagem *"Queridos amigos, no ha habido golpe en Bolivia"*. Os robôs do Twitter ainda promoveram 14 campanhas contra Evo e negando o golpe, como *#NoFueGolpeFueFraude*. Além disso, tanto no Twitter quanto no Facebook, se difundiram massivamente as *fake news* de que Morales teria relações com o narcotráfico, reproduzida por parlamentares da oposição venezuelana.

Chama a atenção, entre outros elementos, que o golpe busca rapidamente se institucionalizar. De imediato, se estabelece um processo eleitoral que pretende legitimar o movimento golpista anterior, algo que também ocorreu no golpe em Honduras. Mas não se trata de mera coincidência. O portal The

Intercept revelou que, em dezembro de 2019, o novo governo boliviano fechou um contrato com a empresa CLS Strategies para a prestação de "consultoria estratégica de comunicação" nas eleições de 2020. Esse mesmo escritório, anteriormente conhecido como Chlopak, Leonard, Schechter & Associates, prestou serviços semelhantes ao governo que substituiu Zelaya.

Após a tomada do Estado, a elite boliviana retornou ao *modus operandi* dos golpes tradicionais. As eleições presidenciais foram sucessivamente adiadas, ao mesmo tempo que os tribunais eleitorais buscavam justificativas para cassar o Movimento ao Socialismo, partido do governo deposto, e organizações estatais e paramilitares caçavam os adversários políticos do novo governo. Apesar da articulação internacional em torno do golpe, as forças populares bolivianas conseguiram resistir e revertê-lo um ano depois por meio das eleições que consagraram Luis Arce, do MAS, como novo presidente, removendo o governo golpista.

HONDURAS

O dia 28 de junho de 2009 pode ser tomado como o marco da contraofensiva dos EUA na América Latina. Sete anos após o fracassado golpe contra Hugo Chávez, na Venezuela, o método dos golpes de Estado foram utilizados novamente para derrubar um governo não alinhado à política estadunidense – nesse caso, o presidente de Honduras, Manuel Zelaya.

Como a maioria dos países latino-americanos, Honduras deixou a condição de colônia espanhola para uma posição de dependência, primeiro da Inglaterra e, posteriormente, dos EUA. Produtor de bananas e minérios, formou uma burguesia subordinada aos interesses estrangeiros. Assim como os demais países do continente, enfrentou ditaduras militares e a ofensiva neoliberal dos anos 1990. Em 2005, um controverso personagem, Manuel Zelaya, sem nenhum histórico de oposição às elites e às oligarquias, foi eleito em um pleito bastante disputado. Ainda que não tivesse uma trajetória de esquerda, sua defesa de uma democracia participativa foi suficiente para ser enquadrado nesse espectro pela oposição.

A disputa dos projetos progressistas e autônomos contra a dependência estadunidense chegou ao cenário político hondurenho quando o presidente Zelaya, entusiasta da inserção de Honduras em iniciativas como a Alba e o Petrocaribe, foi classificado como "comunista" e "bolivariano" pela elite local, vinculada ao capital internacional. A partir daí, o debate político se reduziu à retomada da "luta contra o comunismo", representado pelo "bolivarianismo chavista" (Cardoso, 2016).

O golpe em Honduras trouxe o embrião do reposicionamento geopolítico estadunidense na região, mas ainda em sua forma mais bruta e pouco sofisticada. O gatilho para o golpe foi a proposta do governo Zelaya em realizar uma consulta pública à população sobre a convocação de uma Assembleia Constituinte. A oposição pressupunha que a Constituinte resultaria em uma reeleição do presidente e em um aprofundamento do "bolivarianismo" do país. O governo Zelaya, de um lado, e as Forças Armadas, o Parlamento e o poder Judiciário, de outro, passaram a disputar acirrada queda de braço em torno da realização da consulta. Parte significativa desse debate já ocorria na internet, em páginas contrárias à proposta.

Em 24 de junho de 2009, Zelaya destituiu o general Romeo Vásquez Velásquez por ele se negar a apoiar as atividades da consulta pública. No mesmo dia, a Corte Suprema de Justicia, com base em uma petição do *fiscal general*, restituiu Velásquez ao cargo, em um claro desafio ao presidente. No dia seguinte, uma controversa sessão no Congresso Nacional criou o que chamaram de "comissão investigadora" para analisar a conduta administrativa do Presidente da República. No dia 26, a Corte Suprema e o *fiscal general* emitiram uma ordem de captura de Zelaya, acusado de "traição à pátria" (Cardoso, 2016) por insistir em realizar a consulta, contrariando uma decisão do Superior Tribunal Eleitoral.

O golpe seria apresentado como uma remoção jurídica de um presidente que não teria se submetido às instituições – no caso, a Suprema Corte e o Tribunal Eleitoral. Nesse sentido, é tributária da história latino-americana a preocupação com a institucionalização dos golpes, preservando uma aparência legal e asséptica. Por isso, aqui destaca-se o papel do *lawfare* na ação do poder Judiciário e das elites locais para executar o golpe. Entretanto, a ação desastrada e excessiva das Forças Armadas – formada nos métodos tradicionais de autoritarismo e violação da democracia – terminou por revelar a natureza golpista do processo: na madrugada de 28 de junho, Zelaya foi capturado em casa e expulso do país, sem julgamento ou qualquer ordem legal, sendo expatriado para a Costa Rica. No mesmo dia, o presidente do Congresso Roberto Micheletti foi empossado na presidência.

Como o golpe já havia ocorrido, era preciso dar-lhe legalidade jurídica. Assim, após a posse de Micheletti, foi anunciado o resultado da Comissão Parlamentar, que culpava Zelaya pela crise financeira, pelo desemprego, pela "pouca atenção a problemas substanciais como a gripe H1N1". Uma falsa carta de renúncia de Zelaya foi ainda apresentada.

A luta contra o golpe prosseguiu com outras reviravoltas – como o cinematográfico e clandestino retorno de Zelaya ao país e sua permanência na embaixada brasileira por quatro meses antes de um novo exílio, além de formar um vigoroso movimento popular pela democracia e de oposição aos golpistas.

O saldo final do golpe de 2009 era previsível: todos os esforços para derrubar o presidente Manuel Zelaya resultaram no fortalecimento de um Estado neoliberal; na supressão de barreiras à exploração de recursos naturais por empresas nacionais e estrangeiras; em medidas legislativas que beneficiaram o capital industrial e o capital financeiro, em detrimento do bem-estar da população; na expulsão de camponeses de suas terras, dando lugar ao agronegócio e à especulação; e na garantia do monopólio da violência destinada principalmente à repressão dos movimentos sociais (Cardoso, 2016).

A eleição de um novo presidente, Porfirio Lobo, em 2009 não foi suficiente para dar um verniz democrático ao golpe, e sua eleição não foi reconhecida por países-membros da Unasul. Com a eleição de Juan Orlando Hernández Alvarado, em 2014, a instabilidade política parecia resolvida. Entretanto, em 2018, Hernández foi reeleito por meio de fraudes, o que tem resultado em constantes mobilizações contra o governo.

NICARÁGUA

A Nicarágua foi alvo da aplicação da revolução colorida para desestabilizar e derrubar um governo em 2018. É verdade que Daniel Ortega, hoje presidente, é muito diferente do Ortega que foi um dos dirigentes da revolução sandinista, que, em 1979, derrubou a ditadura de Somoza. Derrotados no início dos anos 1990, Ortega e a Frente Sandinista voltaram à Presidência em 2007, ao final da onda progressista do continente. Agora, porém, são associados com setores conservadores da Igreja Católica e do empresariado. Cabe pontuar que os católicos progressistas foram fundamentais para a revolução sandinista. Ainda assim, o sandinismo implementou programas sociais que lhe permitiram conquistar duas reeleições presidenciais.

Curiosamente, as manifestações com tons de revolução colorida iniciaram-se como um protesto contra a reforma da previdência, proposta pelo governo como condição para um empréstimo do FMI. No dia 18 de abril de 2018, um protesto de 60 pessoas teria sido violentamente rechaçado por grupos pró-governo. No dia seguinte, uma ação policial contra universitários resultou em três estudantes mortos. O governo retirou a proposta de reforma da previdência, mas, na semana seguinte, os protestos se transformaram e assumiram como objetivo a deposição de Ortega.

Mais uma vez, todos os ingredientes da revolução colorida estavam presentes. Os manifestantes supostamente reivindicavam valores universais e inquestionáveis, como a democracia, e que só podem ser alcançados com a destituição do governo. Os sandinistas denunciaram a proliferação de notícias falsas e a manipulação de imagens. Ainda em julho, e mais tarde em dezembro, os EUA passaram a impor sanções a funcionários do governo e à própria família Ortega "contra a corrupção e a violação de direitos humanos" (Azevedo, 2018).

As relações entre os líderes dos protestos e os EUA não são nem um pouco discretas. O NED, que também financia os protestos em Hong Kong, já enviou mais de US$ 4 milhões para financiar 54 projetos na Nicarágua, entre

2014 e 2017, como o movimento Hagamos Democracia. Curiosamente, uma dessas organizações, a Associação Nicaraguense Pró-Direitos Humanos (ANPDH), é acusada por ex-integrantes de elevar o número de mortos, feridos e detidos nos protestos a fim de solicitar mais recursos aos doadores estadunidenses, além do desvio de quase meio milhão de dólares para a conta de um de seus diretores. Já a Usaid investiu mais de US$ 5 milhões no país apenas em 2018 (para os dados do investimento dos EUA em organizações de oposição na Nicarágua, ver Blumenthal, 2018).

Entre os protagonistas dos protestos, está a federação empresarial, o Consejo Superior de la Empresa Privada (Cosep), e movimentos como Cidadãos pela Liberdade. Pelo menos dez ONGs, acusadas de alimentarem o golpismo, foram fechadas pelo governo. Apesar da continuidade dos protestos, da formação de uma coalizão de oposição, até o momento de finalização deste livro, a tentativa de destituição do governo Ortega estava debelada.

PARAGUAI

O golpe no Paraguai buscou corrigir alguns dos equívocos cometidos em Honduras, que impediram que o golpe fosse plenamente legitimado ou justificado no âmbito jurídico. Era necessário também levar em conta a forte memória que as ditaduras militares deixaram nos países do Cone Sul do continente. Assim, a ação golpista precisava de um fator legitimador para justificar a remoção de um governo hostil em contexto internacional.

Eleito presidente do Paraguai em 2006, Fernando Lugo interrompia o domínio do Partido Colorado, iniciado em 1947. Ex-bispo, ligado à teologia da libertação, Lugo havia acumulado popularidade desde o Março Paraguaio em 1999. O episódio foi desencadeado por iniciativa do então presidente Raúl Cubas em anistiar o militar golpista Lino Oviedo, originando um pedido de *juicio político*, o *impeachment*, por seu próprio vice-presidente, Luis Maria Argaña, também do Partido Colorado. Argaña foi assassinado em uma emboscada, e o crime desencadeou uma série de protestos que, por sua vez, foram duramente reprimidos e resultaram em outras mortes. Fernando Lugo teve papel de destaque durante e depois das mobilizações, o que levou a sua projeção como liderança alternativa e de oposição ao *status quo* Colorado.

A coalizão que elegeu Lugo em 2006 incluía de movimentos populares, à esquerda, ao tradicional Partido Liberal, à direita. Em contrapartida, o poder Legislativo permaneceu sob o controle do Partido Colorado, com maioria tanto na Câmara dos Deputados quanto no Senado, seguido pelo Partido Liberal.

Na prática, Lugo dirigiu um governo tímido, ambíguo e com pouca habilidade para lidar com a oposição e com sua própria aliança política heterogênea. Mas, mesmo sem conseguir aprovar reformas estruturais, seu posicionamento próximo ao dos demais governos progressistas do continente já era suficiente para provocar a ojeriza das elites locais.

"Acostumada aos privilégios, a elite paraguaia jamais tolerou sequer a mais básica política de cunho social. Atrasada e truculenta, usava o medo do chavismo como justificativa para a histeria – com apoio de um considerável setor da imprensa, liderado pelo reacionário, controverso e mirabolante jornal *ABC Color*", testemunhava um jornalista brasileiro, que registrou ainda que, entre as 24 tentativas de aprovar o pedido de *juicio político* contra Lugo, constavam justificativas como a existência de um filho não reconhecido (Cassol, 2012, s. p.). Mais tarde, a publicização de documentos confidenciais das embaixadas dos EUA pela *WikiLeaks* comprovou que a embaixada estadunidense no Paraguai conhecia movimentações em torno de um golpe para derrubar Lugo desde 2009.

O episódio determinante foi o cumprimento de uma ação de despejo de camponeses em 15 de junho de 2012, em Curuguaty, próximo à fronteira com o Brasil, autorizada por um juiz e uma promotora para proteger um latifundiário cujas terras eram, na verdade, públicas. No episódio que permanece mal esclarecido, 17 pessoas morreram – 6 policiais e 11 camponeses –, além de haver dezenas de feridos graves (sobre isso, ver Vidallet, 2017). A tragédia ofereceu o elemento de que a elite local necessitava e, no dia 21 de junho, a Câmara dos Deputados aprovou a abertura de um processo político contra Fernando Lugo.

O presidente do Paraguai teve menos de 24 horas para preparar sua defesa; não foram apresentadas provas – exceto fotocópias e publicações da imprensa – para formalizar as acusações. No dia seguinte, 22 de junho, o Senado aprovou em tempo recorde seu afastamento. Lugo resignou-se com o resultado, pedindo que não derramassem o "sangue dos justos". Foi substituído por seu vice-presidente, Frederico Franco, de centro-direita e, no ano seguinte, o Partido Colorado retornou ao controle do governo paraguaio.

O golpe não teve reação popular, entre outros motivos, pela velocidade com que foi operado, pela postura crítica das organizações camponesas ao governo, após a morte dos camponeses em Curuguaty, e pela ação do governo nas trocas de cargos no Ministério do Interior e na Polícia Nacional, feitas de maneira débil e tardia (Estrada, 2019).

VENEZUELA

Propositalmente, a Venezuela é o último caso abordado neste capítulo. O mais antigo alvo de guerra híbrida – salvo os variados métodos de ataques a Cuba – é também o mais resiliente. Foi a partir da Venezuela que se iniciou a onda progressista antineoliberal, com a eleição de Hugo Chávez em 1999. Desde então, três presidentes dos EUA, cada um à sua maneira, tentaram derrubar Chávez e, depois, seu sucessor, Nicolás Maduro.

Os motivos que tornam a Venezuela o epicentro da guerra híbrida na América Latina são bastante óbvios. Não bastasse a chamada "revolução bolivariana" interromper séculos de prevalência política e econômica de uma classe dominante avessa ao próprio país, parasitariamente instalada em Miami, e suspender a remessa incessante de riquezas para o exterior – em especial o petróleo, mas também importantes reservas de níquel, ferro e diamantes –, a Venezuela utilizou esses recursos para melhorar as condições de vida de sua população e para articular ações sociais e políticas em outros países do continente, projetando-se como uma liderança, particularmente para o Caribe e a América Central.

A primeira forma – pública e notória – de ataque à Venezuela foi o golpe civil-militar em 2002. Além da oposição militar, Chávez uniu todo o poder político contra ele: os partidos de direita, empresários, representantes dos setores econômicos, o alto clero, a burocracia sindical, a liderança intelectual – todos com profundas e antigas ligações com os estadunidenses. As organizações populares, com o apoio decisivo das camadas militares médias e baixas, conseguiram reverter o golpe, que se tornou um marco na virada política de Chávez. A partir dali, o presidente se movimentou para mudar a estrutura do Estado, inclusive do Judiciário, e da imprensa.

O segundo ataque, atualmente o mais forte, consiste nas sanções econômicas impostas pelos EUA por meio dos organismos multilaterais ou individualmente, como têm direcionado contra Cuba há mais de 50 anos. No plano interno, as sanções econômicas somam-se à colaboração das elites locais, que produzem uma escassez artificial de produtos nos moldes do que ocorreu no Chile em 1972 (às vésperas do golpe contra Allende), gerando um cenário de hiperinflação, contrabando, mercado ilegal e instabilidade social. Um cenário que estimula conflitos sociais. Também é parte das ações econômicas o bloqueio de recursos no exterior. Desde 2015, a Venezuela é impedida de acessar dólares em operações financeiras de transferência de títulos e emissão de dívida. Sem captar essa moeda no sistema financeiro internacional, o país fica impossibilitado de importar máquinas e produtos de outros países.

Também para estimular a divisão interna, os EUA procuraram incitar a divisão geográfica e social do país. Ainda nos anos do governo Chávez, a embaixada estadunidense atuou fortemente para provocar a separação do Estado de Zulia, rico em reservas de petróleo e gás, exatamente como fizera na Bolívia com a região de Santa Cruz. Aqui, cabe uma pontuação: essa tática não obteve sucesso em nenhum país da América Latina, diferente, por exemplo, da utilização das revoluções coloridas ou do *lawfare*. Entretanto, é importante destacá-la, pois, diferente da dominação do espectro total – que não dá ênfase ao domínio territorial direto –, nesse caso, opta-se pelo estímulo de fragmentação estatal como uma tática de desestabilização.

É parte permanente da estratégia de desestabilização da Venezuela o uso de conflitos na fronteira com a Colômbia, aproveitando o histórico alinhamento desse país aos EUA e mantendo bases militares estadunidenses no país, assim como a ação de grupos paramilitares colombianos, em ambos os lados da fronteira, utilizados para ações de confronto e para o tráfico de armas. Em contrapartida, os EUA tentam usar os organismos multilaterais contra o país, mas não obtêm completo sucesso em virtude das alianças da Venezuela construídas com países principalmente do Caribe.

Os ataques à Venezuela combinam, ainda, meios tradicionais de comunicação, como a televisão, com o uso de redes sociais para a disseminação de *fake news*, em especial no exterior. Uma conhecida campanha de desinformação apresentava lideranças e familiares do governo em situações de luxo e ostentação no país ou na Europa, como contraponto à situação de restrições do próprio povo.

Uma quinta forma de ofensiva estadunidense é a caracterização de catástrofe humanitária, emitida por algumas ONGs em decorrência das dificuldades econômicas que o povo venezuelano enfrenta. Dessa maneira, as ONGs oferecem uma justificativa moral às intervenções militares, como na fracassada tentativa de entrada de "ajuda humanitária" pelas fronteiras do Brasil para organizações estadunidenses. Aqui, cabe pontuar que, na retórica do bolsonarismo, a questão das ONGs assume uma variante, com o discurso do antiglobalismo, ao mesmo tempo que membros das fileiras do próprio bolsonarismo mantêm, paralelamente, contato com ONGs e *think tanks* patrocinados pelos estadunidenses, aos quais são subordinados.

Por fim, há anos os EUA têm tentado a transição para a guerra não convencional, utilizando-se de paramilitares colombianos, milícias ligadas à oposição, dividindo as Forças Armadas nacionais ou incitando a violência nos protestos. A mais recente iniciativa foi a fracassada operação Gideon, comandada por um grupo mercenário a serviço do presidente nomeado pelos EUA, Juan Guaidó (Pressly, 2020). Essas iniciativas têm sido mal sucedidas até o momento. Por isso, os estadunidenses passaram a dirigir seus esforços a uma estratégia de guerra convencional, estimulando a intervenção militar combinada com um país vizinho, a Colômbia ou o Brasil, para forçar a queda do governo sob justificativas de combate ao narcotráfico.

Diante de uma ofensiva ininterrupta, o governo venezuelano também se colocou em estado de alerta permanente. Seriam muitas as iniciativas nesse sentido que vêm garantindo a manutenção dos governos Chávez e Maduro, que passam por mudanças nas Forças Armadas, pela criação das milícias bolivarianas, pela organização do povo em comunas, pela realização de *misiones* (ações massivas do governo) levando saúde, educação e moradia a setores antes excluídos dessas políticas públicas. Os chavistas investiram inclusive nas redes sociais, ocupando esses espaços de comunicação além dos meios convencionais, por meio da Misión

Robinson Digital (PSUV, 2016), criada para capacitar milhares de pessoas no uso dessas redes a fim de identificar e combater discursos como *fake news*. A intenção era formar 150 mil pessoas no uso das redes (cada comunicador digital formado deve constituir coletivos e organizar outros dez). Ao mesmo tempo, o governo criou pontos de acesso livre à internet em centenas de lugares, pelo menos um em cada município.

Por fim, sem tirar o protagonismo da Venezuela e de seu povo sobre o próprio destino, a geopolítica influencia a situação. Assim como os ataques e as sanções comerciais comandados pelos EUA levaram a China ao encontro da Rússia, e vice-versa; também a aplicação da guerra econômica contra a Venezuela aproximou ainda mais o país sul-americano do novo eixo hegemônico. A China se tornou a maior credora dos venezuelanos, e a Rússia também realiza investimentos militares e econômicos de vulto no país.

A EXPERIÊNCIA BRASILEIRA: GUERRA HÍBRIDA?

NO BRASIL, O TERMO GUERRA HÍBRIDA PASSOU A SER APLICADO indiscriminadamente para definir ações muito distintas, o que faz com que o conceito perca capacidade explicativa. Há leituras que associam o conceito às manifestações de 2013, caracterizadas por Souza (2018) como revoluções coloridas, primeira parte de um golpe contra a presidenta Dilma Rousseff. Ainda no âmbito interno, Leirner identifica que quem promove a guerra híbrida no país são as Forças Armadas.

Em contrapartida, existe ampla literatura militar, veiculada especialmente pelo portal Defesanet, que acusa os movimentos sociais de praticarem a guerra híbrida no Brasil – na melhor hipótese, os caracterizando como forças oponentes, como explicita o *Manual de garantia da lei e da ordem*.

Dando foco ao ambiente internacional, para um grupo de generais que dá sustentação ao governo Bolsonaro, como Rocha Paiva, o Brasil foi vítima de guerra híbrida no caso da Amazônia porque:

> há uma campanha da esquerda para rotular Bolsonaro de fascista, há uma campanha da imprensa para desestabilizar o governo, interna e externamente; sofremos ataques de Cuba, Venezuela, França e Alemanha; sofremos denúncias em órgãos multilaterais; uso das redes sociais para atacar a imagem de Bolsonaro; ativismo de minorias; invasão de embaixadas; crime organizado no Ceará; probabilidade de atentado contra o presidente. (Defesanet, 2019, s. p.)

Dada a relevância do personagem, destaca-se a declaração do vice-presidente brasileiro Hamilton Mourão de que a Rússia pratica a guerra híbrida no Brasil (Ninio, 2019).

Na outra ponta do espectro político, as organizações de esquerda criticam os EUA por praticarem a guerra híbrida no Brasil e em outros países da América Latina, em particular na Venezuela (Instituto Tricontinental de Pesquisa Social, 2019c), caracterizando as intervenções estadunidenses de maneiras diversas, e, por vezes, até mesmo desresponsabilizando atores internos.

De maneira simplificada, à direita no espectro político, o conceito se massificou ligado aos protestos sociais. Para esse segmento, a centro-esquerda, em parceria com veículos da grande imprensa, trava uma guerra híbrida com o objetivo de desestabilizar o governo e retomar o poder de Estado. À esquerda no espectro político, a discussão da guerra híbrida está conectada ao uso massivo de *Big Data*, *fake news* e *lawfare,* como observado nas últimas eleições brasileiras. Em ambos os casos, existem menções à influência externa no país, seja partindo dos EUA, seja da China/Rússia.

No âmbito das publicações brasileiras, destacamos o livro *O Brasil no espectro de uma guerra híbrida*, de Piero Leirner, que entende que o Brasil é vítima de uma guerra híbrida, mas, diferente da maioria dos autores que apontam atores exógenos, esse autor identifica como condutores dessa guerra no país as Forças Armadas brasileiras. "Ao contrário de uma guerra típica vinda do exterior, parece-me que, aqui, alguns militares provocaram, eles próprios, uma guerra híbrida, e este processo começou, por incrível que pareça, com uma distorção do próprio conceito e o modo como ele foi incorporado enquanto visão de mundo pelas Forças Armadas" (Leiner, 2020, p. 25).

Leirner reconhece a influência estadunidense da doutrina, formulada com a valorização de aspectos culturais nos teatros de operações após a Guerra do Iraque e com a publicação de um manual de contrainsurgência, pelos EUA, depois de mais de 20 anos. Mas as Forças Armadas brasileiras teriam distorcido esse conceito, mantendo algumas questões como a abordagem indireta. Dessa maneira, as Forças Armadas levariam a cabo uma guerra híbrida no Brasil, mas se utilizando de outros setores do Estado, como o Judiciário, para atingirem seus objetivos.

Já Andrew Korybko sustenta que o país foi alvo desse tipo de operação desde a descoberta do petróleo na camada de pré-sal, o que despertou os radares estadunidenses e iniciou uma ofensiva contra a Petrobras e o governo brasileiro, em disputa por essa reserva energética (Lucena; Lucena, 2018). Porém, o Brasil já podia ser considerado hostil aos interesses dos EUA anteriormente, quando se posicionou contrário à Alca e à Guerra do Iraque; quando ensaiou uma política externa soberana estabelecendo pontes com a África e a Ásia; principalmente, a partir dos movimentos que resultaram na criação da Unasul, reduzindo o peso da OEA, hegemonizada pelos EUA; e na formação dos Brics, ensaio de um novo polo hegemônico internacional.

Todos esses conceitos ressaltam a diversidade tática; porém, se tantas coisas são guerras híbridas, e ela está em todos os lugares, se torna impossível enfrentá-la em todos os flancos – logo, impossível de derrotá-la.

Dado que o conceito de guerra híbrida é bastante frágil, como já discutimos não é nosso objetivo, aqui, concluir se o Brasil é alvo ou não de uma guerra híbrida, mas sim identificar os diversos mecanismos de desestabilização de que o país tem sido vítima. Alguns deles estão previstos nas formulações dos autores da guerra híbrida, e outros são inovações da América Latina. Em suma, entendemos que o mais importante é identificar como o imperialismo estadunidense opera no continente.

Se considerarmos a cumplicidade das classes dominantes latino-americanas como uma das especificidades das violações de soberania em nosso continente, o caso brasileiro segue a regra geral. A subordinação das elites brasileiras aos EUA remonta ao século XVIII, mas se aprofunda após a Segunda Guerra Mundial, com a política anticomunista. Já existia, por exemplo, um aparato civil e paraestatal montado pelo general Golbery do Couto e Silva para a batalha ideológica que contribuiu à derrubada do governo João Goulart, em 1964.[4] Também não data da atual política lavajatista o uso de instituições para violar a própria "institucionalidade", como no suicídio de Vargas, a tentativa de negar a posse ao presidente Juscelino Kubitschek, a legitimação do golpe de 1964 pelo Supremo Tribunal Federal, e os posteriores Atos Institucionais, a posse do presidente José Sarney. O ciclo mais recente de institucionalização de práticas que fragilizam as próprias instituições começou com a Ação Penal 470, chamada de "Mensalão" pela imprensa, que empregou o *lawfare*. Não temos a intenção de datar o início do processo de desestabilização nacional, mas acreditamos que ele coincide com o final do primeiro mandato de Dilma Rousseff, quando os efeitos da crise econômica internacional, vindos desde 2008, sentiam-se mais fortes no país. O resultado das eleições presidenciais de 2014 sinalizavam um descontentamento de parte significativa da população, e a oposição aproveitou o resultado estreito para adotar uma política de impedimento permanente por meio do Legislativo, dando início ao golpe. Os demais poderes, assim como a imprensa e os empresários, ajudaram.

Em um dos flancos se movimentaram os mecanismos econômicos em parceria com *think tanks* locais. Desde a década de 1980, antes mesmo do fim da ditadura civil-militar, grupos econômicos já se organizam em institutos de pesquisas cujo objetivo é influenciar as discussões da sociedade e as políticas do Estado, os chamados *think tanks* (sobre a ação desses *think tanks*, ler Casimiro, 2018). No início deste século, formou-se o Instituto Millenium, reunindo os principais setores da mídia, do pensamento neoliberal na economia e das grandes empresas em atuação no Brasil.

O Instituto Millenium – assim como o Instituto Mises, o Instituto Liberdade e o Students for Freedom (origem do Movimento Brasil Livre – ver Atlas Network, s.d.) – é vinculado a uma rede de ONGs e *think tanks* chamada Atlas Network, que atua internacionalmente na organização, na capacitação e no financiamento de movimentos e institutos conservadores. Vários desses que se apresentam como "nova direita" também receberam suporte do Cato Institute e de outras organizações vinculadas aos irmãos Koch, empresários da área petroleira que igualmente financiam ações conservadoras em todo o mundo, como o Tea Party, o movimento de extrema-direita do Partido Republicano estadunidense (Schiavon; Braghini, 2020).

Em outro flanco, movimentaram-se os atores tradicionais nas atividades de desestabilização e golpes nacionais, embora estes não constem como relevantes nas elaborações teóricas sobre a guerra híbrida. No caso brasileiro, o Parlamento, abrindo o processo de *impeachment*, e o Judiciário, de onde emergiu a Operação Lava Jato, foram determinantes para criar a instabilidade política que tomou conta do cenário em 2016.[5]

Foram alimentados por manifestações de ruas com base social essencialmente na chamada "classe média", cujo comportamento ideológico é pautado pelo medo da proletarização, por um lado, e pelo desejo da ascensão, por outro. Objetivamente, a crise econômica impede que a classe média consuma bens ou serviços que a distinguem do trabalhador. Particularmente nesses momentos, esses segmentos intermediários se descobrem não como "ricos", mas como proletários. A queda social e econômica funciona como um gatilho, que, com as crises social, institucional, política e econômica que efetivamente se instalam, empurra as classes médias para projetos conservadores.

Desde o episódio do "mensalão", atualizou-se a tradição anticomunista em alguns setores sociais brasileiros, para que esse sentimento fosse aos poucos se convertendo em um "antipetismo" ou "antiesquerdismo" forte. O Partido dos Trabalhadores foi fortemente associado à corrupção e, somado a isso, disseminou-se a ideia de que suas políticas públicas eram custosas e pesadas para o Estado, ou ainda que violariam uma suposta meritocracia da competição capitalista, em que "menos capazes" receberiam "privilégios". No *impeachment* da presidenta Dilma Rousseff, outras características ideológicas dos discursos dos grupos favoráveis ficaram mais claras, como a ideia de que esses governos "produziram" uma luta de classes entre "ricos e pobres", quando a verdadeira luta deveria ser entre "todos nós pagadores de impostos" contra o "Estado que nos expropria", em um raciocínio que associa a ineficiência na gestão pública, a corrupção e o aumento dos gastos sociais e que converge para uma defesa do liberalismo: é o Estado grande e protetor que cria indivíduos parasitários, ineficientes e dependentes de bolsas e assistencialismos (Cavalcante, 2015). No âmbito externo, a acusação era de que o governo petista levava a cabo uma estratégia internacional "bolivariana".

Nesse movimento peculiar, a contradição entre capital e trabalho é parcialmente apagada e substituída por um sentimento (que bebe no passado escravocrata brasileiro) de superioridade do trabalho não manual, conquistado por mérito individual, especialmente nas funções técnico-científicas, reproduzido pela defesa de valores meritocráticos e privilégios de classe "naturalizados", combinados com uma aversão conservadora à massa "ignorante e preguiçosa", "complacente" com a corrupção ou "comprada" pelo governo (Bastos; Stedile; Villas Bôas, 2018).

O amadurecimento dessa corrente de opinião teve nas tecnologias de redes sociais um elemento determinante nesse processo de duas maneiras. Primeiro, como mecanismo de espionagem. Em junho de 2013, o ex-agente da National Security Agency (NSA) Edward Snowden denunciou o sistema de espionagem massivo de países e cidadãos por esse órgão estadunidense. Entre os casos, estavam os grampos contra a presidenta Dilma Rousseff e a Petrobras. E de repente, inesperadamente, um juiz regional, Sergio Moro, baseado em uma única fonte – uma operadora de câmbio no mercado ilegal – teve acesso a um grande conjunto de documentos da Petrobras (De Souza, 2019). Segundo as fontes reveladas pelo WikiLeaks (Wikileaks, 2009), Moro foi um dos juízes treinados pelo *Bridges Project,* vinculado ao Departamento de Estado estadunidense, cujo objetivo era "consolidar o treinamento bilateral [entre EUA e Brasil] para aplicação da lei". O próprio currículo de Moro afirma que ele fez parte do Programa de Instrução para Advogados na Escola de Direito de Harvard e do International Visitors Program, também organizado pelo Departamento de Estado estadunidense. Esse tipo de intercâmbio é muito antigo e tradicional na área de defesa, como já apontado quanto à Escola das Américas. Os EUA o ampliaram para outros setores, investindo, por exemplo, nos operadores do direito.

Apesar das recomendações de segurança feitas pelo próprio Snowden, na denúncia que veio à tona mundo afora, Rousseff foi grampeada novamente em 2016. Ilegalmente, em uma ação combinada entre Sergio Moro, a Polícia Federal e a Rede Globo, uma conversa entre Dilma e Lula foi vazada de maneira manipulada – como confirmaram as denúncias dos vazamentos de mensagens entre Moro e os procuradores da Lava Jato (Brasil de Fato, 2016) – e provocou manifestações contra a nomeação de Lula como ministro, tudo com a leniência do Judiciário. Esse é um dos episódios que podem ser utilizados como "o acontecimento", o gatilho que desperta novas manifestações, uma vez que o discurso apresentado era de que a nomeação de Lula pretendia apenas conceder-lhe foro privilegiado.

Em contrapartida, as redes sociais, em especial o Facebook e o Twitter, foram amplamente utilizados como fontes de mobilização. Em 2013, já ocorreu um ensaio do uso do Facebook como laboratório para ação política, mas em 2016 a questão tomou outra proporção. As redes sociais eram utilizadas para potencializar as mensagens dos grupos pró-*impeach-*

ment, aglutinando e recrutando novos integrantes, além de manter a "animação da tropa" já mobilizada. Além disso, o golpe de 2016 introduziria definitivamente um mecanismo que, mais tarde, seria conhecido como *fake news*, a dispersão de notícias falsas. Segundo levantamento do Grupo de Pesquisa em Políticas Públicas de Acesso à Informação da USP, três das cinco reportagens mais compartilhadas por brasileiros no Facebook, durante a semana do *impeachment*, eram falsas (Senra, 2016). Em 2018, esse método ganharia definitivamente o terreno do YouTube e principalmente do WhatsApp, facilitado pelo "anonimato" no rastreamento das interações que essa ferramenta permite.

Como nas revoluções coloridas, as manifestações também construíram seus lugares simbólicos – no caso de São Paulo, a avenida Paulista, tendo como uma das referências o prédio da Federação das Indústrias do Estado de São Paulo, a Fiesp, e seus patos infláveis que se tornaram símbolos das manifestações. Os patos e as camisetas da seleção brasileira de futebol foram usados como símbolos maiores da identidade nacional, retomando as cores verde e amarelo e o futebol como expressão do país. Como alerta Mateus Mendes, a escolha da camiseta da Confederação Brasileira de Futebol denuncia a predileção do privado ante o público, típico da ideologia neoliberal, e demonstra um nacionalismo sazonal e oportunista. Sazonal, porque só se manifesta a cada quatro anos nas copas do mundo de futebol (masculino); oportunista, porque muitos dos que estavam nas ruas não perdem a oportunidade, cotidianamente, de demonstrar sua devoção às culturas estadunidense e europeia e sua ojeriza à cultura nacional. Como se não bastasse, optaram por lutar contra a corrupção adotando como símbolo a camiseta de uma instituição que coleciona irregularidades e denúncias por... corrupção (Souza, 2019).

O tema da corrupção – e seu combate associado diretamente como a defesa da democracia – é exemplar no papel narrativo que se deve cumprir na revolução colorida. Afinal, ninguém pode se dizer favorável à corrupção. A mesma tática já havia obtido sucesso em 1964. Mas exatamente aí é que se encontra o questionamento necessário, do ponto de vista crítico: se essa pauta é impossível de ser cumprida nos marcos do regime, como se comprova que a corrupção foi erradicada do país?

Como se sabe, a aplicação dessas técnicas foi bem-sucedida em 2016, consolidando institucionalmente o golpe que afastou Dilma Rousseff da presidência e substituindo o governo hostil à política estadunidense. Em 2018, assumiu um governo completamente alinhado e subordinado aos EUA, cujo projeto econômico envolve a total privatização das empresas estatais; a entrega de recursos naturais, como o petróleo; e de espaços geopolíticos estratégicos, como a Base de Alcântara. Não à toa, em seu segundo encontro com Donald Trump, Bolsonaro lhe dedicou todas as palavras que conhecia em inglês: "I love you".

Não houve a necessidade, no Brasil, do segundo estágio proposto pelo conceito de guerra híbrida de Korybko, a conclusão pelo conflito armado ou por sua iminência.[6] Mas os mecanismos de desestabilização permaneceram em funcionamento; foram úteis para endossar a prisão de Lula em 2018 e a própria candidatura Bolsonaro. O atual presidente manejou as redes sociais, conseguindo realizar uma verdadeira operação psicológica sobre amplos setores da sociedade brasileira, que se fiaram nas mensagens comprovadamente falsas. Entretanto, cabe uma ressalva: por mais evidentes que sejam os usos de tecnologias e redes sociais a serviço de sua eleição, além da cumplicidade empresarial, militar e judiciária, a eleição de Jair Bolsonaro não pode ser considerada "guerra híbrida", uma vez que não há governo a ser deposto; ao contrário, há uma continuidade que precisaria ser garantida.

O poder Legislativo responde muito lentamente ao problema, por exemplo, por meio da CPI das *fake news*. Por sua vez, nas mãos do poder Judiciário, mormente mais lento, tramitam ações que dizem respeito ao uso das *fake news* e à montagem de milícias digitais que operaram nas eleições e continuam operando nos ataques às instituições.

Assim, é possível identificar um conjunto de práticas de desestabilização no país elencadas pelos autores defensores da guerra híbrida. Em contrapartida, também notam-se inovações nacionais. Ainda que uma ação externa desencadeie a guerra híbrida, esse tipo de ação se desenvolve sobre bases materiais e descontentamentos reais. Ela não pode prosperar sob um ambiente ou motivação integralmente artificial e exógeno. Ademais, no caso da América Latina, temos destacado que é vital para sua execução a colaboração – quando não o total protagonismo – das elites locais e subordinadas. Ignorar esses dois elementos resulta não apenas em "teorias da conspiração", mas, também, em um salvo-conduto para as burguesias locais e na dificuldade em compreender a realidade, identificando os flancos abertos deixados que permitiram essa operação.

A MILITARIZAÇÃO DO ESTADO COMO CONSEQUÊNCIA DA DESESTABILIZAÇÃO

No Brasil, não ocorreu o que Korybko menciona como o segundo estágio das guerras híbridas: a passagem da revolução colorida para a guerra convencional. Entretanto, isso não significa a ausência das Forças Armadas regulares e das forças irregulares no cenário político. Ocorre por aqui algo compatível com a memória histórica do país – a militarização do Estado e da sociedade –, que adota respostas militares para problemas diversos como a seca, a pandemia da Covid-19 ou a desigualdade social. É perpetuada a ideia de inimigo interno e de guerra permanente, úteis para o discurso militarizante do governo Bolsonaro ainda durante a campanha.

Voltemos algumas décadas, ao livro *Geopolítica do Brasil*, no qual informa Golbery do Couto e Silva:

> hoje ampliou-se o conceito de guerra e não só – como reclamava e calorosamente advogou Luddendorff[7] em depoimento célebre – a todo o espaço territorial dos Estados beligerantes [...] confundindo soldados e civis, homens, mulheres e crianças nos mesmos sacrifícios e em perigos idênticos e obrigando à abdicação de liberdades seculares e direitos custosamente adquiridos, [...] de guerra estritamente militar passou ela, assim, a guerra total, tanto econômica e financeira e política e psicológica e científica como guerra de exércitos, esquadras e aviações; de guerra total a guerra global; e de guerra global a guerra indivisível e – por que não reconhecê-lo? – permanente. (Ortega, 2019, p. 32-33)

Essa passagem, que parece ser recente, retoma o anticomunismo dos anos 1930-1970, que se desdobrou em antipetismo e hoje incorpora ambientalismo, identitarismos e onguismos variados. Fica evidente que as Forças Armadas selecionam autores civis que expressam leituras próximas a seu leito histórico e as incorporam, como Leirner aponta com relação às visitas de Olavo de Carvalho a organizações militares desde 1999. Em outras palavras, não se trata de um processo de infiltração olavista nas hostes militares: na realidade, quando os militares enxergam algumas de suas ideias ocorrendo fora dos muros da caserna, isso ganha ainda mais espaço dentro dos quartéis, o que Leiner chama de "viés de confirmação". Esse não é um fenômeno novo, já apontado por autores que estudaram especificamente a Escola Superior de Guerra, como o professor Eliézer Rizzo, "não incomoda ao Executivo a existência de um conjunto de operações psicológicas sendo levadas a cabo sobre o povo brasileiro, pois elas parecem favorecê-lo. [...] Em outros termos, interessa à parte ofensiva do conflito a confusão entre os momentos de guerra e paz" (Oliveira, 1987, p. 70-72).

Entretanto, afirmativas sobre guerra e paz trazem enormes impactos nas liberdades dos cidadãos e foram usadas em muitos momentos da história como razão para violações aos direitos humanos e autoritarismos de naturezas diversas. Os protestos sociais são, por exemplo, uma das poucas ferramentas de ação política que restam às camadas populares, uma vez que os canais estatais para a participação vêm continuamente se mostrando insuficientes. Além disso, o direito de protesto é protegido pelo arcabouço normativo internacional de direitos humanos (Penido, 2019).

Fundamental também é separar as tarefas das polícias e das Forças Armadas, pois são instituições distintas quanto à finalidade e ao preparo. A primeira deve proteger e controlar civis, e a segunda deve derrotar o inimigo.[8] Essa ideia está presente nas formulações de vários organismos de direitos humanos, como o INDH: "por mais grave que seja a situação da ordem interna, inclusive a criminalidade ordinária no âmbito interno, ela não se constitui uma ameaça militar à soberania do Estado" (Instituto Nacional De Derechos Humanos, 2014, p. 236-237).

A utilização das Forças Armadas para apoiar as forças policiais ocorreu muito na América Latina, e é legalizada em determinadas situações. Entretanto, deve ser sempre excepcional, subsidiária, temporária e, principalmente, sob o comando civil. Quando afirmações sobre guerra tomam força, como é o caso da guerra híbrida, essa fronteira entre as forças de segurança, já bastante porosa, se desfaz.

As políticas públicas de defesa e segurança têm duas questões de fundo similares: a definição sobre a natureza de uma ameaça (ou sentimento de ameaça) existente e sobre qual é a vulnerabilidade do objeto ao qual as ameaças estão direcionadas. Essas problemáticas são importantes, pois dão ao Estado a possibilidade de atuar em dois sentidos: reduzindo suas inseguranças por meio da diminuição de suas vulnerabilidades ou enfraquecendo as fontes de ameaças. Entretanto, as ameaças, vulnerabilidades e objetos com que se preocupar são distintos quando se compara uma política de defesa e uma política de segurança.

No caso da segurança pública, não deveria ocorrer o uso sistemático da força, enquanto no caso militar as armas são um instrumento de dissuasão. Para Mathias, Campos e Santos, "além disso, a doutrina, armamento, instrução e formação da Polícia e do Exército são necessariamente distintos. A Polícia não deveria aprender ou utilizar táticas de guerra, assim como o Exército não deve ensinar ou utilizar técnicas policiais nos contextos urbanos, por exemplo" (2016, p. 115).

Antônio Rocha (2011) aprofunda a diferença entre o trabalho militar e o policial, inclusive do ponto de vista subjetivo. No caso do primeiro, o objetivo é tirar uma vida de outro ser humano, destruindo o inimigo e evitando atingir os cidadãos. "Resolve-se essa contradição por meio de dois artifícios: desumaniza-se o inimigo e identifica-se a corporação à coletividade." (Rocha, 2011, p. 125). Por sua vez, o trabalho policial visa prender infratores da lei, que, após o julgamento, deveriam ser encaminhados para um sistema de reeducação e reinserção social. O militar não vê um cidadão, mas uma ameaça à sobrevivência de seu grupo, em um processo de desumanização. "Nestas condições, é justo e digno matar, uma vez que se age em nome da pátria e em sua defesa". Esse mesmo processo não se aplica aos infratores da lei, cidadãos do mesmo Estado.

Embora existam diferenças entre as diversas correntes teóricas, a maioria define ameaça como algo externo, vindo de fora do país. Entretanto, para Ayoob (Rudzit; Nogami, 2010), no caso de Estados nacionais frágeis, ainda que possam existir ameaças externas, o sentimento de insegurança tem forte vínculo com fenômenos internos às fronteiras nacionais, ou seja, as percepções de segurança e ameaça são distintas entre os países com Estados nacionais mais consolidados e aqueles em desenvolvimento que seguem no desafio da descolonização, como é o caso brasileiro.

Essa hipótese se confirma quando são observados os dados do Sistema de Indicadores de Percepção Social (SIPS) sobre defesa nacional, aferido pelo Ipea em 2011. Em uma lista de possíveis ameaças, 54,2% dos entrevistados apontaram o crime organizado como seu maior medo; 38,6% indicaram a possibilidade de desastres ambientais ou climáticos; e 30% manifestaram medo do terrorismo ou de epidemias. Um terço dos entrevistados vê a guerra como uma possibilidade com países vizinhos ou potências, aparecendo os EUA como potencial inimigo (37%) ou potencial aliado (32,4%). Ainda segundo a pesquisa, o objeto de cobiça desses países poderiam ser as Amazônias verde e azul. Por fim, 54,6% dos entrevistados acreditam que eventos violentos no entorno sul-americano podem afetar o país.

Aqui, cabe uma reflexão. É mais fácil identificar uma vulnerabilidade, como reservas de armamentos concentrados em um só local, carências alimentares de parte da população brasileira ou o desemprego; mas é bastante difícil identificar uma ameaça, pois, segundo Saint-Pierre (2018) ela só se constitui e opera na percepção daquele que é ameaçado, diferente de um perigo. Como exemplo, o professor fala das cores de animais peçonhentos. As cores não tornam o animal venenoso, mas são suficientes para advertir outros animais do perigo. Assim, o medo nasce da associação entre as cores e a ameaça de letalidade. Acreditamos que essa diferenciação é importante, pois, em larga medida, operações psicológicas exploram os sentimentos de ameaças que existem nos povos. Também é fundamental porque a segurança se organiza ao redor das definições – todas elas políticas – sobre ameaças. E, como exploraremos aqui, o Estado pode identificar como ameaças aqueles que lutam contra suas vulnerabilidades.

Nesse sentido, questiona-se se as afirmativas de que o Brasil está sob ataque de uma guerra híbrida empregadas em declarações de militares brasileiros não são, na verdade, uma cortina de fumaça para outras questões, notadamente a militarização do Estado. Acreditava-se que o período que se seguiu à Constituição de 1988 seria marcado por um processo de desmilitarização das leis e da prática política.

Durante a constituinte que deu origem à Constituição de 1988, estiveram em questão, e foram derrotados, muitos pontos que poderiam contribuir para uma desmilitarização das leis e da prática política (Quartim; Costa; Oliveira, 1987). Segundo Mathias e Guzzi (2010), analisando as oito constituições nacionais, houve uma ascensão da autonomia militar, assim como a manutenção da confusão entre as atribuições internas e externas das Forças Armadas. A Constituição de 1988 mantém a mesma estrutura das anteriores, considerando as Forças Armadas instituições nacionais e permanentes, garantidoras da lei e da ordem, e acrescentando a ideia de representantes dos valores nacionais. Também foi retomada a ideia de defesa dos poderes constitucionais, mas permaneceu ambígua a hierarquia entre os poderes.

Uma das principais explicações para a manutenção do aspecto militarizado na Constituição de 1988 deve-se às características da transição entre o período militar e o governo dos civis. Para o caso brasileiro, entendemos apropriada a expressão "transição transada", usada por Share e Mainwaring (1986), indicando que "um regime autoritário inicia a transição estabelecendo certos limites às mudanças políticas e permanecendo como uma força eleitoral relativamente significativa durante a transição". A transação seria, portanto, um acordo ocorrido entre as elites autoritárias e a oposição consentida, a partir da iniciativa dos primeiros e sob controle (ao menos relativo) deles, para estabelecer as bases do novo regime. Amplos setores de oposição ao regime à esquerda foram excluídos. Nesses casos, a palavra de ordem é continuidade, não havendo penalização para os líderes do regime autoritário (sequer para os acusados de violações aos direitos humanos), que permanecem com apoio popular (capazes, inclusive, de vitórias eleitorais em um governo democrático), e é mantida a autonomia das Forças Armadas sobre suas estruturas e instituições.

Esse processo não é linear, cabendo revezes. A transição ocorre, pois, quando alguns membros da coalizão autoritária podem de fato ter a intenção de fazer uma intervenção apenas pontual, os custos para a manutenção no poder tornam-se muito altos; a demanda por profissionalização no Exército cresce, o que colide com a ocupação de espaços políticos; há perda de legitimidade do regime etc. Ademais, a população permanece relativamente desmobilizada nesses processos, alimentando o elitismo e a baixa efetividade política.

Quanto à segurança, a ideia de segurança interna permaneceu, mesmo após a Constituição de 1988 falar em segurança pública. A prioridade seguiu na defesa dos interesses do Estado e do combate ao inimigo. Para Lima, Bueno e Mingardi, "o primeiro caso, trata-se apenas da redução de conflitos sociais a tipos penais, desprezando a natureza dos conflitos e suas configurações, que engendram regras e padrões de sociabilidades, constituem e põem em confronto identidades individuais e coletivas. No segundo caso, segmentos sociais são vistos como intrinsecamente perigosos e objeto constante de vigilância e neutralização" (2016, p. 49).

Em suma, o fim do regime dos generais é positivo, mas deixou consequências políticas para o período posterior. Houve avanços, mas, ao contrário do imaginado, os governos civis não desmilitarizaram a burocracia, especialmente na área da segurança pública. Portanto, defendemos que as Forças Armadas tiveram êxito em manter parte do sistema político militarizado. Nesse sentido, importa definir o entendimento de militarização.

Segundo o modelo proposto por Kalil Mathias (2004) – e aqui por nós ampliado –, a penetração militar no aparelho de Estado acontece por meio de cinco dimensões.[9] A primeira, e mais visível, é a presença física intensiva das forças de segurança nas ruas das cidades, contando com um contingente das Forças Armadas, polícias civis e militares, guardas municipais (cada vez mais armadas) e mesmo uma enorme rede de segurança privada. Além disso, há um sistema de monitoramento e vigilância por câmeras que funciona 24 horas e cobre a quase totalidade dos espaços públicos, e até alguns privados, especialmente nas cidades de maior porte.

Uma segunda dimensão da militarização é a ocupação de cargos no sistema político, seja de maneira eletiva ou por indicação. Essa presença cria uma correia na qual os interesses militares são transmitidos para todo o sistema político. No caso brasileiro, a cada levantamento feito sobre o governo Bolsonaro cresce o número de militares em cargos. No caso daqueles que concorrem a cargos eletivos, registram nas cédulas seu nome acompanhado da patente, como se ela outorgasse um atestado de confiabilidade. Exemplo de quando os interesses militares são transmitidos para o sistema foi recentemente oferecido pela reforma na previdência militar. Diferente da reforma civil, que foi bastante discutida e impôs perdas significativas tanto àqueles que estão no sistema quanto para aqueles que estão ingressando, a reforma militar foi elaborada dentro do Ministério da Defesa e enviada para o Congresso, sem discussão com a população, e aprovada integralmente no Legislativo.

Uma terceira forma de militarização do sistema político é transpor doutrinas formuladas pelos militares para outros ambientes, por meio de políticas governamentais. É isso que historicamente ocorre na área de segurança pública, na qual a doutrina do inimigo interno orienta as polícias militares, que são subordinadas constitucionalmente ao Exército, diferente da polícia civil. Nesse caso, aumenta a punibilidade dos pobres, da população carcerária e a vigilância eletrônica. São extensões da guerra por outros meios, no interior da cidade. Uma guerra que já é travada há muito tempo e que tem como único resultado, além das mortes nas periferias, sua própria reprodução enquanto guerra, pois trata os sintomas, e não a causa que leva à permanente crise de segurança pública.

Uma quarta maneira é transferir valores castrenses para a administração, impondo determinado *ethos*. Nisso consiste a proposta de militarização das escolas, que promovem como principais valores a ordem, as matemáticas, conservadorismo comportamental e outros aspectos. Com algumas ponderações, é o que ocorre também na área ambiental. As famílias, com problemas de naturezas diversas, como falta de trabalho, qualidade de moradia, tempo de convivência e muito mais, procuram respostas simples para questões complexas, como a utilização de drogas por adolescentes ou a descoberta da sexualidade. Dessa maneira, se iludem com propostas como as chamadas escolas cívico-militares. As escolas religiosas têm, por exemplo, seus próprios códigos morais, e os conflitos internos ao ambiente escolar não deixam de existir.

Uma quinta dimensão é a de militarizar todo e qualquer problema, por meio da utilização das polícias ou das Forças Armadas em problemas que são de outras esferas do Estado, e não militares. Por aqui se combate a pobreza, a dengue, a seca, a corrupção, a pandemia... tudo como se fosse uma "questão militar". Em um primeiro momento, pode até parecer mais barato ou mais prático, mas esse pensamento destrói a profissionalização militar e, por sua vez, a defesa nacional, enquanto, em contrapartida, mantém o Estado ineficaz, tutelado e militarizado.

Além disso, no caso dos países latino-americanos, militarizar tem ainda mais um aspecto, que é a manutenção da autonomia e de privilégios nas constituições, resultado de transições mal acabadas dos regimes autoritários. Um exemplo é o julgamento de casos de corrupção de militares permanecerem nas mãos da justiça militar.

Portanto, apontamos que o discurso da guerra híbrida, quando usado pelas Forças Armadas para caracterizar manifestações populares legítimas, carrega consigo a discussão de intervenção e segurança, e não mais da guerra e da paz.[10] Para Souza, "a intervenção é um mecanismo essencialmente militar, é a ponta armada de um dispositivo geral de segurança. A segurança, neste novo contexto, pressupõe a minimização dos riscos, mas não dispensa os custos da morte. Os estados de violência recomendam a vigilância de cada um e a multiplicação dos limites territoriais. A segurança pública torna-se supraestatal e a guerra, local" (2015, p. 207).

Ainda segundo o autor, em um estado de violência, existe um corpo especializado que, em última instância, promove uma guerra continuada. Essa lógica estabelece limites flutuantes para a gestão da violência, pois as guerras são travadas em nome da existência de todos. Entretanto, "a ambiguidade entre forças militares e forças civis somente se amplia nos Estados totalitários, que introduzem o medo e o terror na lógica do poder" (Souza, 2015, p. 210). A militarização do Estado é exatamente isso, quando aumenta a punibilidade dos pobres, o crescimento da população carcerária e a vigilância eletrônica. "São extensões da guerra por outros meios. Agora o alvo é a gestão da cidade em seu interior, em suas ruas, praças e locais de circulação." (Souza, 2015, p. 210).

Esse processo de militarização encontra eco na cultura política autoritária brasileira, particularmente na malfadada Doutrina de Segurança Nacional (DSN) que se instalou em toda a América Latina nos anos 1950.[11] A doutrina dá relevo à segurança interior e ao controle da subversão interna em detrimento da defesa nacional clássica. Cabia às Forças Armadas nacionais latino-americanas a primeira tarefa, e a segunda ficava reservada aos EUA, uma típica divisão internacional do trabalho, agora na área de defesa. Mas a DSN não se restringe a questões militares, se expande para pensar todas as ações da sociedade para a conquista de "objetivos nacionais".

A DSN deu sustentação à substituição de regimes democráticos por autoritários em vários países da América Latina, além de engajar as Forças Armadas na repressão violenta a seus próprios concidadãos. Em alguma medida, a DSN vinha sendo retomada com a "guerra às drogas", que empregava as Forças Armadas em atividades de segurança pública, mas ela volta a ter seu conteúdo político-ideológico com a ascensão chinesa.

A essência da DSN se mantém, por exemplo, na interpretação de que as lutas sociais são práticas de guerra híbrida, ou mesmo atividades de guerrilha ou terrorismo, dois outros conceitos em disputa. Para fomentar, justificar e dar vazão à violência estatal, é importante a construção da ideia de inimigos, ou, caso isso não esteja muito claro, de ameaças, mesmo que subjetivamente construídas. Esses conceitos, já bastante antigos, foram muitas vezes atribuídos para indivíduos ou grupos indesejados pela sociedade de todas as formas, como traficantes, negros, imigrantes, terroristas, pobres e agitadores sociais. Atualmente, muitos desses agitadores sociais (mesmo que pelo Facebook) são identificados pelas autoridades como terroristas. Dessa maneira, determinadas ideologias políticas são vinculadas à prática de crimes, em um processo de fascistização.

Em meio à confusão sobre terrorismo, comunismo, protestos e conflitos, foi promulgado o *Manual de garantia da lei e da ordem* (GLO) em 2013. Segundo tal manual, as operações GLO são operações de "não guerra", não envolvendo o combate, embora em algumas circunstâncias possam utilizar a força de maneira limitada, tanto no ambiente urbano quanto rural. Segundo dados do Ministério da Defesa, foram realizadas 133 GLO entre 1992 e 2018.

O manual GLO não menciona o termo "inimigo", e sim "forças oponentes", embora não faça uma distinção entre os dois conceitos. A inclusão de modo genérico de movimentos ou organizações como forças oponentes no manual abre margem para a criminalização dessas entidades. Dessa maneira, a sociedade civil organizada não é considerada uma parceira na construção de um Estado que disponibilize melhores políticas públicas para sua população. Muitas das táticas enumeradas no manual são citadas como práticas da guerra híbrida por Korybko.

Ainda sobre as GLO, Ana Penido pontua: a transgressão à lei é bastante clara, mas como mensurar a garantia da ordem? Qual ordem deve ser mantida? Quais elementos devem ser garantidos pela força letal do Estado? Essa generalidade possibilita a reativação da ideia de inimigo interno, como na DSN, ainda que essa ideia ganhe novas roupagens nos documentos mais recentes sobre defesa nacional.

Há uma discussão relevante sobre um processo de "policialização" das Forças Armadas que seria subjacente a esse amplo emprego na segurança pública: a dos impactos dessas operações na profissionalização militar. Mas a discussão em torno da guerra híbrida aponta para outra direção: a ampliação da militarização não apenas do Estado, mas de toda a sociedade por meio das operações psicológicas, em um processo no qual, em vez de as Forças Armadas se assemelharem ao povo brasileiro, elas o moldam, segundo a autoimagem que identificam como correta.

CONCLUSÃO

COMO DEFENDE CLAUSEWITZ, ENTENDEMOS QUE É A POLÍTICA quem confere racionalidade à guerra. Por isso, para entender as razões da guerra, é preciso compreender como a política absorve a realidade. Em outras palavras, deve-se avaliar como se manifestam as crises cíclicas do capital, perceber os impactos da ascensão chinesa e do renascimento russo na geopolítica global, a ganância das grandes potências pelos recursos naturais pertencentes aos países do Sul Global e reconhecer como esses mesmos países não têm garantido condições de vida boas para seus povos em virtude, especialmente, de enormes taxas de desigualdade.

Refletindo sobre esse pano de fundo, afirmamos que, diante de uma situação globalmente incômoda, o Império estadunidense se voltou com toda a força para a América Latina, adotando como estratégia o domínio do espectro completo, cujo resultado é o ataque à soberania de diversos países e o aprofundamento da condição de "quintal" do subcontinente.

Mas, para além de pensar por que a guerra se faz, cabe explorar o como ela se realiza. Nesse início do século XXI, dadas essas condições geopolíticas e do desenvolvimento capitalista, os conflitos tendem a maximizar operações indiretas, como a de desestabilização de países, preferida à intervenção armada e direta.

Neste livro, a partir da análise das experiências latino-americanas, apontamos alguns exemplos de táticas utilizadas pelos EUA. Algumas delas, como as revoluções coloridas, estão previstas nos manuais de guerra híbrida. Outras, como o *lawfare*, parecem ser plenamente adaptadas às realidades latinas. Essas técnicas podem ser – e serão – utilizadas em outros conflitos e disputas políticas.

Especificamente sobre o conceito de guerras híbridas, entendemos que ao menos três características devem ser destacadas como novidade e que impactam como as guerras são lutadas. A primeira é a velocidade, uma vez que a internet imprime uma nova dinâmica às discussões sobre a fluidez de tempo e espaço. A segunda é o terreno. Se antes cidades pequenas, a população rural ou mesmo moradores das periferias dos grandes centros passavam ao largo das discussões políticas, elas foram definitivamente incluídas no jogo por meio das redes sociais, que passaram a servir como mais um terreno de batalha, extenso e intenso, pois infiltra a vida privada. A terceira, e mais recente, é a customização das informações que são utilizadas nas operações psicológicas por meio de *Big Data*, o que aumenta sua eficácia. Em outras palavras, as operações psicológicas já vinham ganhando força desde a Segunda Guerra Mundial, mas a revolução nas comunicações permite um novo patamar para essas operações.

É preciso cuidado, entretanto, para tratar o conceito de guerra híbrida: não se deve criar um conceito que funcione como um gigantesco "guarda-chuva" para todos os conflitos, permitindo que os interesses internacionais funcionem como justificativas para ignorar o papel que as elites locais (econômicas, intelectuais, militares) têm como protagonistas dos golpes antidemocráticos na América Latina. Por exemplo, os agentes da Operação Lava Jato não são estrangeiros, não foram cooptados por um país estrangeiro, e a operação não é incoerente com a trajetória e a classe social de seus integrantes. Pode-se dizer que foram comprados, uma vez que parte de sua renda é recebida a partir de acordos firmados para favorecer as petroleiras estadunidenses. O mesmo é válido para os deputados e senadores que votaram pelo *impeachment* de Dilma Rousseff. Ninguém precisou ser treinado no exterior ou financiado internacionalmente para que a Rede Globo utilizasse o noticiário de maior audiência do país como agitador e propagandista.

A mesma ponderação vale para se pensar as revoluções coloridas. Mesmo quando financiadas e organizadas a partir do exterior, manifestação alguma em qualquer lugar do globo acontece sem bases materiais. O que as técnicas de revoluções coloridas fazem é amplificar tensões latentes ou subterrâneas, trazendo-as para o protagonismo central em movimentos de desestabilização. Em contrapartida, proibir manifestações, nesse sentido, não é um caminho viável. Mais inteligente é identificar variáveis capazes de diferenciar as manifestações populares das operações internacionais, como é o caso das fontes de financiamento e da concretude das pautas reivindicadas.

A primeira lição a ser apreendida talvez seja não esquecer que as *guerras não convencionais* são, em primeiro lugar... *guerras*. A guerra possui sua natureza política, mas busca essencialmente a imobilização de seu adversário. Ora, se as guerras híbridas são a reivindicação do caos, da desestabilização do sistema, é um tanto quanto inútil exigir que o sistema volte a funcionar para reestabelecer o período anterior, como pode-se ver em Honduras e Paraguai.

Isso torna as guerras não convencionais, as guerras híbridas, e seus agentes, invulneráveis? De maneira alguma, como exemplifica a resistência venezuelana a todas as expressões dessas técnicas, inclusive a capacidade de impedir tanto a ação paramilitar não convencional quanto a passagem para a guerra convencional. Portanto, em primeiro lugar, a guerra híbrida não é invencível nem absolutamente eficaz.

Partindo das novidades apontadas para as atuais intervenções, é possível pensar alguns caminhos, que dependem da cultura política de cada país. A comunicação e as redes sociais, por exemplo, não são armas de uso exclusivo dos atacantes externos. Ter redes nacionais de comunicação boas, seguras e públicas é fundamental para a proteção da soberania nesse setor. É preciso pensar o controle do povo sobre o Estado de modo amplo, incluindo setores, particularmente no Judiciário e nas Forças Armadas, sobre os quais não há nenhum controle externo. Quanto às últimas, é urgente construir mais e melhores oportunidades de convivência entre as Forças Armadas e o povo, em situações que não envolvam o emprego de violência e de maneira horizontalizada, sem a primazia das

Forças Armadas. Por fim, é preciso garantir uma vida digna para o povo. Um povo que não tem suas condições mínimas de vida asseguradas pelo Estado não se envolverá em sua proteção, não se identifica com a pátria e é menos crítico às tentativas de intervenção estrangeiras.

Neste pequeno texto, apontamos que os ataques à luta pela soberania popular permanecerão. Trouxemos pistas de como velhas doutrinas imperialistas ganham novos contornos com o tempo. Pensemos juntos em como superá-las, construindo pátrias livres.

NOTAS

[1] Guerras por procuração (ou *proxy war*) é como ficou conhecida uma modalidade de conflito armado entre dois Estados que, em vez de lutarem diretamente entre si, se utilizam de um terceiro Estado como terreno para medir suas forças. Elas não ocorreram exclusivamente durante a Guerra Fria, mas seus exemplos mais conhecidos se desenrolaram durante esse período, como a Guerra do Vietnã e a Guerra da Coreia.

[2] Tomemos como exemplo a Síria, onde a oposição que emergiu da Primavera Árabe, em 2011, não foi capaz de derrubar o governo e partiu para a fase seguinte de guerra não convencional. A desestabilização gerada pela guerra híbrida resultou em um complexo tabuleiro em que a Rússia escudava o governo de Bashar al-Assad contra o Exército Livre da Síria apoiado pelos EUA e todos contra o Estado Islâmico do Levante (ISIS), egresso da Al-Qaeda.

[3] A Primavera Árabe iniciou-se na Tunísia e no Egito a partir de processos internos e surpreendendo os EUA. Inclusive os ditadores alvos dos protestos, Ben Ali (Tunísia) e Mubarak (Egito), eram aliados de longa data dos estadunidenses, convenientemente descartados quando ficou claro que a sorte deles já estava selada pela força do povo na rua. Não por coincidência, nesses dois países, os protestos ganharam maior dimensão de massas. O que ocorreu, a partir daí, foi que a força dos exemplos egípcio e tunisiano, conforme seria fácil prever, "contaminou" setores de outros países do Oriente Médio descontentes com seus respectivos governos. Nesse ponto, os EUA, por meio de seus agentes, aproveitaram-se da onda da Primavera Árabe para promover os métodos da revolução colorida e da guerra

híbrida contra governos hostis, especificamente a Líbia e a Síria, secundariamente a Argélia e, mais tarde, o Irã, onde fracassaram por completo. Ao mesmo tempo, os EUA trataram de agir na Tunísia e no Egito para direcionar as mobilizações rumo a resultados de seu interesse – nesse caso, com sucesso. Por conta das debilidades das forças populares, na Tunísia o levante acabou em uma democracia parlamentar sob o controle de políticos liberais pró-EUA, e no Egito, em eleições vencidas pela força preferida de Washington naquele momento, a Irmandade Muçulmana, que logo pôs tudo a perder com seu fanatismo religioso e a busca de monopolizar o poder, abrindo caminho para um golpe militar.

[4] A construção de organizações civis como o Instituto de Pesquisa e Estudos Sociais (Ipes) foi determinante para a articulação do golpe, tanto produzindo material de propaganda quanto organizando setores liberais, empresariais e artísticos. A ação que resultou na definição do regime brasileiro como uma "ditadura civil-militar" está detalhadamente descrita no clássico de Dreifuss, René Armand. *1964: a conquista do Estado*. Ação política, poder e golpe de classe. Petrópolis: Vozes, 1981. 814 p.

[5] A Operação Lava Jato, por si só, merecia uma detalhada análise, uma vez que ela envolve a ação de um grupo da elite que utiliza posições como operadores do direito para perseguir um grupo político, a exemplo do ex-presidente Lula e do Partido dos Trabalhadores. Combina a ideologia conservadora neopentecostal e espírita, o elitismo do direito, as técnicas do *lawfare* e o apoio midiático para realizar seu projeto político de apropriação do Estado.

[6] Há inúmeras discussões se as manifestações ocorridas em 2013, a partir dos protestos pelo preço das passagens em São Paulo e irradiadas ao restante do país, já seriam parte da aplicação das guerras híbridas. Suponhamos que tenham sido; ainda assim seria apenas um julgamento inócuo e esvaziado. Só demonstraria que, uma vez confrontados com a força dessas ações, a esquerda e o governo não souberam se preparar para quando a guerra híbrida deixou de ser um balão de ensaio e se tornou efetiva: 2016.

[7] General alemão que propôs o conceito de guerra total, em 1935.

[8] Existem muitos autores que trabalham com essa ideia e que pertencem ao Grupo de Estudos de Defesa e Segurança

Internacional (Gedes-Unesp). Para começar, sugerimos o texto de Saint-Pierre: "Breve reflexión sobre el empleo de las Fuerzas Armadas", publicado pela revista *Nexus* em 2015.

9 Para compreender melhor a discussão sobre militarismo e militarização, sugerimos a tese de Forner, C. O Departamento de Defesa e a militarização da política externa estadunidense, de Bush a Obama (2001-2017). São Paulo: Instituto San Tiago Dantas, 2020.

10 O uso banalizado da expressão "guerra" sempre teve conotação política, como sua adoção por Nixon em 1971 na "guerra contra as drogas" nos Estados Unidos.

11 Para saber mais a respeito, recomendamos a leitura de Lentz, Rodrigo. O pensamento político dos militares brasileiros. *Revista da Escola Superior de Guerra*, [S.l.], v. 34, n. 70, p. 39-71, abr. 2019.

REFERÊNCIAS

ATLAS NETWORK. Partners. Site do Atlas Network. Disponível em: https://www.atlasnetwork.org/partners/global-directory/latin-america-and-caribbean/brazil. Acesso em: 20 dez. 2020.

AZEVEDO, W. F. Nicarágua: Senado dos EUA avança com a Lei das Sanções. *Revista IHU on-line*, 05 out. 2018. Disponível em: http://www.ihu.unisinos.br/78-noticias/583410-senado-dos-eua-avanca-com-a-lei-de-sancoes-a-nicaragua. Acesso em: 20 dez. 2020.

BANDEIRA, L. A. M. *A desordem mundial*. O espectro da total dominação: guerras por procuração, terror, caos e catástrofes humanitárias. Rio de Janeiro: Editora José Olympio, 2016.

BANDEIRA, L. A. M. *Formação do império americano:* da guerra contra a Espanha à guerra no Iraque. Rio de Janeiro: Civilização Brasileira, 2017.

BASTOS, M. D.; STÉDILE, M. E.; BÔAS, R. L. V. Indústria cultural, a antessala do fascismo brasileiro. *Perseu: História, Memória e Política*, n. 16, 2018.

BOLÍVAR, S. *Independência e unidade latino-americana* – Escritos políticos. Traduzido pelas Brigadas Populares e Marcha Patriótica. Rio de Janeiro: Editora Consequência, 2015.

Bonaparte, L. *A guerra*. São Paulo: Estação Liberdade, 2001. p. 24.

BRASIL DE FATO. Moro escondeu gravações para impedir posse de Lula como ministro de Dilma em 2016. *Brasil de Fato*, 08 set. 2019. Disponível em: https://www.brasildefato.com.br/2019/09/08/vaza-jato-moro-escondeu-gravacoes-para-impedir-posse-de-lula-como-ministro-de-dilma/. Acesso em: 20 dez. 2020.

CADWALLADR, Carole. Sobre o papel do Facebook no Brexit. 2020. Disponível em: https://www.ted.com/talks/carole_cadwalladr_facebook_s_role_in_brexit_and_the_threat_to_democracy/transcript. Acesso em 20 dez. 2020.

CARDOSO, S. A. *Golpe de Estado no século XXI*: o caso de Honduras (2009) e a recomposição hegemônica neoliberal. Dissertação (Mestrado em Ciências Sociais) – Universidade de Brasília, Centro de Estudos Comparados sobre as Américas. Brasília, 2016.

CASIMIRO, F. H. C. *A nova direita no Brasil*. São Paulo: Expressão Popular, 2018.

CASSOL, D. Golpe na democracia, vitória do "stronismo". *Carta Maior*, 26 jun. 2012. Disponível em: https://www.cartamaior.com.br/?/Editoria/Pelo-Mundo/Golpe-na-democracia-vitoria-do-stronismo-/6/25463. Acesso em: 20 dez. 2020.

CAVALCANTE, S. Classe média e conservadorismo liberal. *In*: Velasco E Cruz, S.; Kaysel, A.; Codas, G. *Direita, volver!*: o retorno da direita e o ciclo político brasileiro. São Paulo: Editora Fundação Perseu Abramo, 2015. p. 177-196.

CECEÑA, A. E. *et al. Hegemonias e emancipações no século XXI*. CLACSO, 2009.

CECEÑA, A. E. La dominación de espectro completo sobre América. *Novos Rumos*, v. 53, n. 2, 2016.

CLAUSEWITZ, C. V. *Da guerra*. São Paulo: Martins Fontes, 1979.

COHEN, Dan e Blumenthal, Max. A invenção de Guaidó: como os EUA criaram o líder do golpe de Estado na Venezuela. *Brasil de Fato*, 04 fev. 2019. Disponível em: https://www.brasildefato.com.br/2019/02/04/a-invencao-de-guaido-como-os-eua-criaram-o-lider-do-golpe-de-estado-na-venezuela/. Acesso em: 20 dez. 2020.

COSTA, D. Os novos tipos de guerra. *Cadernos de Estudos Estratégicos*, n. 1, p. 17-28, 2019.

CULLIFORD, E. e DAVE, Paresh. Youtube desativa canais ligados a operação contra protestos de Hong Kong. *Uol*, 23 ago. 2019. Disponível em: https://www.uol.com.br/tilt/noticias/reuters/2019/08/23/youtube-desativa-canais-ligados-a-operacao-contra-protestos-de-hong-kong.htm. Acesso em: 20 dez. 2020.

DA SILVA, V. G. *Planejamento e organização da contrarrevolução preventiva no Brasil*: atores e articulações transnacionais (1936-1964). Tese (doutorado) – Universidade Federal do Rio de Janeiro, Instituto de História, Programa de Pós-Graduação em História Social, 2020.

DE SOUZA, M. M. Revoluções coloridas e o golpe no Brasil em 2016. *Terra Livre*, v. 2, n. 51, p. 16-53, 2019.

DEFESANET. Cobertura especial – Guerra Híbrida. *Defesanet*, 07 ago. 2019. Disponível em: https://www.defesanet.com.br/ghbr/noticia/33806/Gen-Ex-Pinto-Silva---AMAZONIA-Ameacada--ou-e-so-uma-Reacao-ao-Presidente-Bolsonaro-/. Acesso em: 20 dez. 2020.

DIMSUM DAILY. Is United States involved in the current civil unrest in Hong Kong via its National Endowment for Democracy (NED)? *Dimsum Daily*, 25 ago. 2019. Disponível em: https://www.dimsumdaily.hk/is-united-states-involved-in-the-current-civil-unrest-in-hong-kong-via-its-national-endowment-for-democracy-ned/. Acesso em: 20 dez. 2020.

DUNLAP Jr., C. J. Law and military interventions: preserving humanitarian values in 21st conflicts. *In*: Humanitarian Challenges in Military Intervention Conference. *Carr Center for Human Rights Policy.* Kennedy School of Government, Harvard University, Washington, D.C., November 29, 2001.

EMPOLI, G. *Engenheiros do caos*. São Paulo: Vestígio, 2019.

ENGDAHL, F. William. National Endowment for Democracy is Now Officially "Undesirable" in Russia. *New Eastern Outlook*, 03 ago. 2015. Disponível em: https://journal-neo.org/2015/08/03/national-endowment-for-democracy-is-now-officially-undesirable-in-russia/. Acesso em: 03 ago. 2015.

ÉPOCA. Obama promete mais diplomacia e menos militarismo na política externa. *Época,* 28 mai. 2014. Disponível em: https://epoca.globo.com/tempo/noticia/2014/05/obama-promete-mais-diplomacia-e-bmenos-militarismob-na-politica-externa.html. Acesso em: 20 dez. 2020.

ESCOBAR, P. O Brasil no epicentro da guerra híbrida. *Jornal GGN*, 6 jul. 2016, Disponível em: https://jornalggn.com.br/analise/o-brasil-no-epicentro-da-guerra-hibrida-por-pepe-escobar/.

ESTRADA, P. Neogolpismo na América Latina: uma análise comparativa do Paraguai (2012) e do Brasil (2016). Dissertação (Mestrado) – Programa de Pós-Graduação Integração da América Latina, São Paulo, USP, 2019.

FERNANDES, F. O que é revolução. *In*: Prado Júnior, Caio; Fernandes, Florestan. *Clássicos sobre a revolução brasileira*. São Paulo: Expressão Popular, 2000.

FIORI, J. L. A síndrome de Babel e a nova doutrina de segurança dos Estados Unidos. *Tempo do Mundo*, v. 4, n. 2, p. 47-56, 2018.

FUKUYAMA, F. *O fim da História e o último homem*. Rio de Janeiro: Rocco, 1992.

Gonçalves, L. Verbete: Revolução militar. *In*: Saint-Pierre, H.; Vitelli, M. *Dicionário de segurança e defesa*. São Paulo: Unesp, 2018.

GREENWALD, G. *Sem lugar para se esconder*. Rio de Janeiro: Sextante, 2014.

GROSFOGUEL, R. Ocho tesis acerca del imperialismo estadunidense y las luchas anti-imperialistas en el siglo XXI. Apresentação no encontro: Una Mirada desde América del Norte, ago. 2020.

HART, B.H. L. *The strategy of the indirect approach and the counter-narcotics campaign*, 1954.

HEREDIA, F. A estratégia política do imperialismo. *In*: Seminário Estratégias do Imperialismo na América Latina e Caribe. CEPIS, abr. 2007, mimeo.

HOLSTI, K. J. Internacional relations theory and domestic war in the Third World: the limits of relevance. *In*: Neuman, S.G. *Internacional relations theory and the Third World*. New York: St. Martin Press, 1998. p. 103-133.

INSTITUTO DE PESQUISA ECONÔMICA APLICADA. Sistema de Indicadores de Percepção Social (SIPS): Segurança Pública, Brasília: Ipea, 2011. Disponível em: http://www.

ipea.gov.br/portal/images/stories/PDFs/SIPS/110330_sips_seguranapublica.pdf. Acesso em: 20 dez. 2020.

INSTITUTO NACIONAL DE DERECHOS HUMANOS. *Protesta social y derechos humanos:* estándares internacionales y nacionales. Santiago do Chile, 2014. p. 236-237.

INSTITUTO TRICONTINENTAL DE PESQUISA SOCIAL. Dossiê 19 publicado pelo Instituto Tricontinental, 2019 (a). Disponível em: https://www.thetricontinental.org/wp-content/uploads/2019/08/190804_Dossier-19_PT-Web-Final.pdf.

INSTITUTO TRICONTINENTAL DE PESQUISA SOCIAL. Dossiê 17: Venezuela e as guerras híbridas na América Latina. *Instituto Tricontinental de Pesquisa Social*. 03 jun. 2019. (c) Disponível em: https://www.thetricontinental.org/pt-pt/dossie-17-venezuela-e-as-guerras-hibridas-na-america-latina/. Acesso em: 20 dez. 2020.

INSTITUTO TRICONTINENTAL DE PESQUISA SOCIAL. O que os carros elétricos têm a ver com o golpe na Bolívia? Portal do Instituto Tricontinental de Pesquisa Social. Carta semanal 46, 2019. (b) Disponível em: https://www.thetricontinental.org/pt-pt/newsletterissue/cartasemanal--46-2019-bolivia/. Acesso em: 20 dez. 2020.

KAGAN, R. *Paradise and power*: America and Europe in the New World Order. New York: Alfred Knopf, 2003.

KALDOR, M.; HELD, D. Aprender de las lecciones del passado. *El País*, 8 out. 2001.

KENNEDY, P. *Grand strategies in war and peace.* New Haven: Yale University Press, 1991.

KONDER, L. *Introdução ao fascismo*. São Paulo: Expressão Popular, 2009.

KORYBKO, A. *Guerras híbridas*: das revoluções coloridas aos golpes. São Paulo: Expressão Popular, 2018. p. 119.

LEIRNER, Piero. *O Brasil no espectro de uma guerra híbrida*. São Paulo: Alameda, 2020.

LIDDELL HART, B. H. *Strategy:* the indirect approach. London: Faber and Faber, 1967.

LIMA, R. S.; BUENO, S.; MINGARDI, G. Estado, polícias e segurança pública no Brasil. *Revista Direito GV*. São Paulo, v. 12, n. 1, p. 49-85, abr. 2016. Disponível em: http://www.scielo.br/scielo.php?script=sci_arttext&pid=S1808-24322016000100049&lng=en&nrm=iso.p. Acesso em: 20 dez. 2020.

LIND, W.; NIGHTENGALE, K.; SCHMITT, J. *et al*. The changing face of war: into the fourth generation. *Marine Corps Gazette*, v. 73, n. 10, p. 22-26, 1989.

LUCENA, Eleonora de e LUCENA, Rodolfo. Agentes externos provocaram uma "guerra híbrida" no Brasil, diz escritor. *Brasil de Fato*, 19 out. 2018. Disponível em: https://www.brasildefato.com.br/2018/10/19/agentes-externos-provocaram-uma-guerra-hibrida-no-brasil-diz-escritor/. Acesso em: 20 dez. 2020.

MACKINDER, H. J. The geographical pivot of history. *The Geographical Journal*, v. 23, n. 4, p. 421-437, 1904.

MAIN, A.; JOHNSTON, L.; BEETON, D. Latin America and Caribe. *In*: ASSANGE, J. *et al. The WikiLeaks files*: the world according to US empire. London: Verso Books, 2015. p. 455-485.

MARIGHELLA, C. *Minimanual do guerrilheiro urbano*, 1969. Disponível em: https://www.marxists.org/portugues/marighella/1969/manual/.

MARTINS, H. *Comunicações em tempos de crise* – economia e política. São Paulo: FRL/Expressão Popular, 2019.

MATHIAS, S. K. *A militarização da burocracia:* a participação militar na administração federal das comunicações e da educação, 1963-1990. São Paulo: Unesp, 2004. p. 14-15.

MATHIAS, S. K.; CAMPOS, B. S.; SANTOS, L. F. S. Política militar del Gobierno de Rousseff: reflexiones sobre la actuación de las Fuerzas Armadas en las UPP y la MINUSTAH. *Íconos*, Quito, v. 1, p. 115-138, 2016.

MATHIAS, S. K.; GUZZI, A. C. Autonomia na lei: as Forças Armadas nas constituições nacionais. *Revista Brasileira de Ciências Sociais*. São Paulo, v. 25, n. 73, p. 41-57, out. 2010.

MATTIS, J.; HOFFMAN, F. Future warfare: The rise of hybrid wars. *In*: *Proceedings Magazine,* v. 132/, n. II/I, p. 233, 2005.

MONTOYA C. P.; PALACIOS JÚNIOR, A. Três abordagens teóricas das guerras preventivas: legitimidade, legalidade e utilidade. *In*: MEI, E.; SAINT-PIERRE, H. *Paz e guerra:* defesa e segurança entre as nações. São Paulo: Unesp, 2013.

NINIO, Marcelo. Em Pequim, Mourão critica Rússia por guerra hibrida e fala em diferenças marcantes dentro dos Brics. *O globo*, 24 maio 2019. Disponível em: https://oglobo.globo.com/mundo/em-pequim-mourao-critica-russia-por-guerra-hibrida-fala-em-diferencas-marcantes-dentro-dos-brics-23690818. Acesso em: 20 dez. 2020.

NYE, J. *Soft power*: The means to success in world politics. Public Affairs, 2004.

o-neofascismo-e-o-fascismo-eterno. Acesso em: 21 de fevereiro de 2016.

OLIVEIRA, E. R. A doutrina de segurança nacional: pensamento político e projeto estratégico. *In*: OLIVEIRA, E. R. (org.). *Militares:* pensamento e ação política. Campinas: Papirus, 1987. p.70-72.

ORTEGA, F. A. *As revoluções coloridas e seus reflexos em política externa*. Dissertação (Mestrado em Relações Internacionais) – PPG-RI San Tiago Dantas. São Paulo, 2009.

ORTEGA, M. *Carta no coturno*. São Paulo: Editora Baioneta, 2019. p. 32-33.

BLUMENTHAL, Max. US govt meddling machine boasts of 'laying the groundwork for insurrection' in Nicarágua. 2018. Disponível em: https://thegrayzone.com/2018/06/19/ned-nicaragua-protests-us-government/. Acesso em: 20 dez. 2020.

PENIDO, A. As ruas em disputa: entre o direito ao protesto e a perturbação da ordem. Tese de doutorado em Relações Internacionais pelo Programa San Tiago Dantas (Unesp-Unicamp-PUC-SP), 2019.

PERON, A. *American way of war:* "guerra cirúrgica". São Paulo: Appris, 2019.

PRASHAD, V. *Balas de Washington*: uma história da CIA, golpes e assassinatos. São Paulo: Editora Expressão Popular, 2020.

PRASHAD, V. *Ruínas do presente*. Instituto Tricontinental de Pesquisa Social, 2018.

PRESSLY, Linda. Os bastidores da 'Operação Gideon', a fracassada missão suicida para capturar Nicolás Maduro na Venezuela. *Uol*, 23 ago. 2020. Disponível em: https://noticias.uol.com.br/ultimas-noticias/bbc/2020/08/23/os-bastidores-da-operacao-gideon-a-fracassada-missao-para-capturar-nicolas-maduro-na-venezuela.htm. Acesso em: 20 dez. 2020.

PSUV. Misión Robinson Digital Incorpora al Poder Popular. Portal PSUV, 06 set. 2016. Disponível em: http://www.psuv.org.ve/temas/noticias/mision-robinson-digital-incorpora-al-poder-popular-video/. Acesso em: 20 dez. 2020.

QUARTIM, J.; COSTA, W.; OLIVEIRA, E. *A tutela militar*. São Paulo: Vértice, 1987.

ROCHA, A. J. R. *Militares e política no brasil*. Brasília: Ipea, 2011.

RUDZIT, G.; NOGAMI, O. Segurança e Defesa Nacionais: conceitos básicos para uma análise. *Revista Brasileira de Política Internacional*, Brasília, DF, v. 53, n. 1, p. 5-24, jul. 2010. Disponível em: http://www.scielo.br/scielo.php?script=sci_arttext&pid=S0034-73292010000100001&lng=en&nrm=iso. Acesso em: 20 dez. 2020.

SAN MARTIN, H. *La guerra híbrida rusa sobre Occidente*. Espanha: Page Publishing Inc, 2019.

Eco, Umberto. 14 lições para identificar o neofascismo e o fascismo eterno. *Opera Mundi*, 21 fev. 2016. Disponível em: https://operamundi.uol.com.br/samuel/43281/umberto-eco-14-licoes-para-identificar-

SAINT-PIERRE, H. "Defesa" ou "segurança"? Reflexões em torno de conceitos e ideologias. *In*: Mei, E.; Saint-Pierre,

H. *Paz e guerra*: defesa e segurança entre as nações. São Paulo: Unesp, 2013.

SAINT-PIERRE, H. *A política armada:* fundamentos da guerra revolucionária. São Paulo: Unesp, 2000. p. 153.

SAINT-PIERRE, H. Entrevista concedida ao jornal *Brasil de Fato* em 2019. Disponível em: https://www.brasildefato.com.br/2019/10/26/temos-forcas-armadas-para-defender-os-interesses-dos-eua-aponta-pesquisador.

SAINT-PIERRE, H. Verbete: Ameaças. *In*: SAINT-PIERRE, H.; VITELLI, M. *Dicionário de segurança e defesa*. São Paulo: Unesp, 2018.

SCHIAVON, Carolina Rieger Massetti e BRAGHINI, Katya. Os irmãos Koch miram a América Latina. *Brasil de Fato*, 26/08/2020. Disponível em: https://www.brasildefators.com.br/2020/08/26/artigo-os-irmaos-koch-miram-a-america-latina. Acesso em: 04 jan.

SENRA, Ricardo. Na semana do *impeachment*, 3 das 5 notícias mais compartilhadas no Facebook são falsas. *Terra*, 17 abr. 2016. Disponível em: http://noticias.terra.com.br/brasil/politica/impeachment/na-semana-do-impeachment-3-das-5-noticias-mais-compartilhadas-no-facebook-sao-falsas,285e84ed368d55df5b5f3e347e860f71stgq9ccn.html. Acesso em: 20 dez. 2020.

SHARE, D.; MAINWARING, S. Transição pela transação: democratização no Brasil e na Espanha. *Dados*. Rio de Janeiro, v. 29, n. 2, p. 88, 207-236. 1986.

SILVA, D. Armas, capital e dependência: um estudo sobre a militarização na América do Sul. Tese (Doutorado em Relações Internacionais) – Programa San Tiago Dantas, 2018.

VIDALLET, J. B. *O Massacre de Curuguaty*: golpe sicário no Paraguai. São Paulo: Fundação Perseu Abramo/Expressão Popular, 2017.

SOUZA, L. A. F. Dispositivo militarizado da segurança pública. Tendências recentes e problemas no Brasil. *Sociedade e Estado*. Brasília, DF, v. 30, n. 1, p. 207-223, abr. 2015.

SOUZA, M. Revoluções coloridas e o golpe no Brasil em 2016. *Terra Livre*, n. 51, v. 2, p. 16-53, 2018.

SOUZA, Matheus M. A revolução canarinho. *Brasil 257*, 11 jul. 2019. Disponível em: https://www.brasil247.com/blog/a-revolucao-canarinho. Acesso em: 20 dez. 2020.

TSÉ-TUNG, Mao. *O livro vermelho:* citações do comandante Mao Tsé-Tung. São Paulo: Martin Claret, 2004.

U.S. ARMY. *Special forces unconventional warfare training manual*, nov. 2010.

UZER, João Victor. O "imperialista relutante". O início na Guerra ao Terror nas páginas da revista *Foreign Affairs*. *Conjuntura Global*, v. 7, n. 3, 2018.

VAROUFAKIS, Y. *O minotauro global:* a verdadeira origem da crise financeira e o futuro da economia global. São Paulo: Autonomia Literária, 2016.

VELASCO E CRUZ, S. *Os Estados Unidos no desconcerto do mundo*. São Paulo: Unesp, 2012.

WENDT, A.; BARNETT, M. Dependent state formation and Third World militarization. *Review of International Studies*, n. 19, p. 321-347, 1993.

WIKILEAKS. Brasil: Illicit finance conference uses the "T" word, successfully. *WikiLeaks*, 30 out. 2009. Disponível em: https://wikileaks.org/plusd/cables/09BRASILIA1282_a.html. Acesso em: 20 dez. 2020.

PARA SABER MAIS

Guerras híbridas: das revoluções coloridas aos golpes
Andrew Korybko
Expressão Popular, 2018

Esta é a principal publicação em português sobre as guerras híbridas na totalidade. Partindo dos estudos de caso da Síria e da Ucrânia, o autor constrói um novo conceito, cujo modo de operação pode ser facilmente identificado em outros conflitos no Oriente Médio e na América Latina. A guerra híbrida é o modelo de intervenção para o século XXI. "Se o padrão que os EUA vêm aplicando atualmente na Síria e na Ucrânia for indicativo de algo, no futuro a guerra indireta será marcada por 'manifestantes' e insurgentes. As quintas-colunas serão compostas menos por agentes secretos e sabotadores ocultos e mais por protagonistas desvinculados do Estado que se comportam publicamente como civis. As mídias sociais e tecnologias afins substituirão as munições guiadas como armas de 'ataque cirúrgico' da parte agressora, e as salas de bate-papo *on-line* e páginas no Facebook tornar-se-ão o novo 'covil dos militantes'."

O Brasil no espectro de uma guerra híbrida
Piero Leirner
Editora Alameda, 2020

O livro, sob um olhar antropológico, se dedica a entender o modo como a guerra híbrida está ocorrendo no Brasil. O autor dialoga com Korybko de que não se trata de uma "guerra clássica", com fogo, mas de uma guerra que visa sobretudo à captura e à neutralização de mentes. Suas "bombas" são, antes de tudo, informacionais, visam causar dissonâncias cognitivas e induzir as pessoas a vieses comportamentais: percepção, decisão e ação passam a trabalhar a favor de quem ataca. Nas guerras híbridas, não há mais a separação entre guerra e política, ou "tempo de guerra/tempo de paz"; todos passam a ser, voluntária ou involuntariamente, combatentes; e não se vê com exatidão nem seu princípio, nem seu fim. O autor trabalha com a hipótese de que, no Brasil, a guerra híbrida é levada a cabo por um grupo de militares, atualmente disseminado na política, mas com impactos que vão além de 2018.

Dicionário de segurança e defesa
Héctor Saint-Pierre e Marina Vitelli
Unesp, 2018

Como dicionário, possui um conjunto de verbetes elaborados por pesquisadores da área e que resumem de modo acessível os conceitos básicos desse amplo campo de conhecimentos.

Balas de Washington: uma história da CIA, golpes e assassinatos
Vijay Prashad
Expressão Popular, 2020

O livro, escrito no formato jornalístico característico do autor, conecta as histórias dos golpes e assassinatos promovidos pela CIA ao redor do mundo ao longo de todo o século XX, desnudando um dos *modus operandi* do imperialismo estadunidense.

Comunicações em tempos de crise – economia e política, de Helena Martins
Fundação Rosa Luxemburgo/Expressão Popular, 2019

A autora demonstra, a partir da concepção de hegemonia e contra-hegemonia política de Antonio Gramsci, que há um forte controle midiático do debate de ideias e uma urgente necessidade de se avançar na democratização das comunicações no sentido de construir uma diversidade ideológica e conquistar uma sociedade mais justa. Nesta obra, a autora desnaturaliza a concepção de neutralidade da tecnologia e aponta os setores sociais que estão no controle da comunicação nacional e internacional: as frações da burguesia, organizadas em grupos econômicos e políticos. Com isso, Helena Martins descreve o modo pelo qual as grandes corporações de comunicação e as tecnologias da informação integram e controlam a sociedade.

Os engenheiros do caos: como as *fake news*, as teorias da conspiração e os algoritmos estão sendo utilizados para disseminar ódio, medo e influenciar eleições
Giuliano Da Empoli
Vestígio, 2019

O jornalista italiano Giuliano Da Empoli demonstra como movimentos conservadores como o Movimento 5 Estrelas, a campanha pelo Brexit e a eleição de Donald Trump usam as novas tecnologias para influenciar as disputas políticas nacionais, articulados por movimentos como o capitaneado por Steve Bannon, internacionalmente. Recomendamos esta obra para compreender a alimentação recíproca entre tecnologia e política.

SOBRE OS AUTORES

ANA PENIDO

é cientista social e doutora em Relações Internacionais pelo Programa San Tiago Dantas (Unesp – Unicamp – PUC-SP). É pesquisadora do Instituto Tricontinental e do Grupo de Estudos em Defesa e Segurança Internacional (Gedes).

MIGUEL ENRIQUE STÉDILE

é historiador, doutorando em História pela Universidade Federal do Rio Grande do Sul, membro da coordenação do Instituto de Educação Josué de Castro e integrante do Front – Instituto de Estudos Contemporâneos.

Ê

Coleção Emergências

NINGUÉM REGULA A AMÉRICA
Guerras híbridas e intervenções
estadunidenses na América Latina

edição
Jorge Pereira Filho
Miguel Yoshida

copidesque
Cecília Luedemann

ilustração
Cesar Habert Paciornik

Revisão técnica
Lia Urbini e Aline Piva

projeto gráfico
Estúdio Bogari

Diagramação e capa
Zap Design

Impressão
Gráfica Paym

Sobre o livro
Formato: 120 x 180 mm
Mancha: 85 x 145 mm
Tipologia: Frutiger LT Std 10/14
Papel: Polen soft 80 g/m²
Cartão 250g/m² (capa)
1ª edição: 2021